AF441091

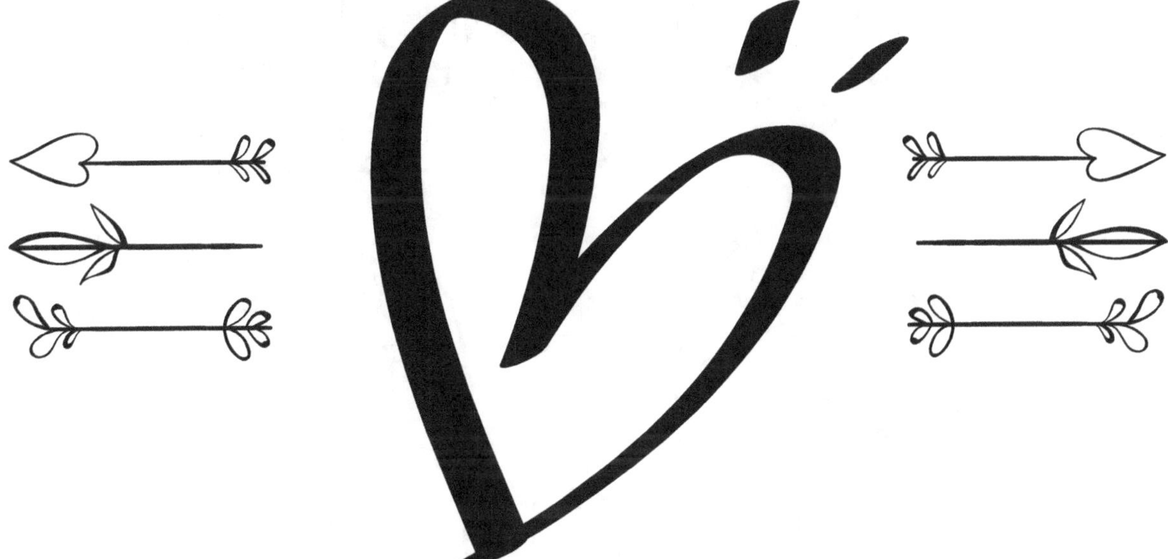
Questo Libro
Appartient à

AEREO LIBRO DA COLORARE

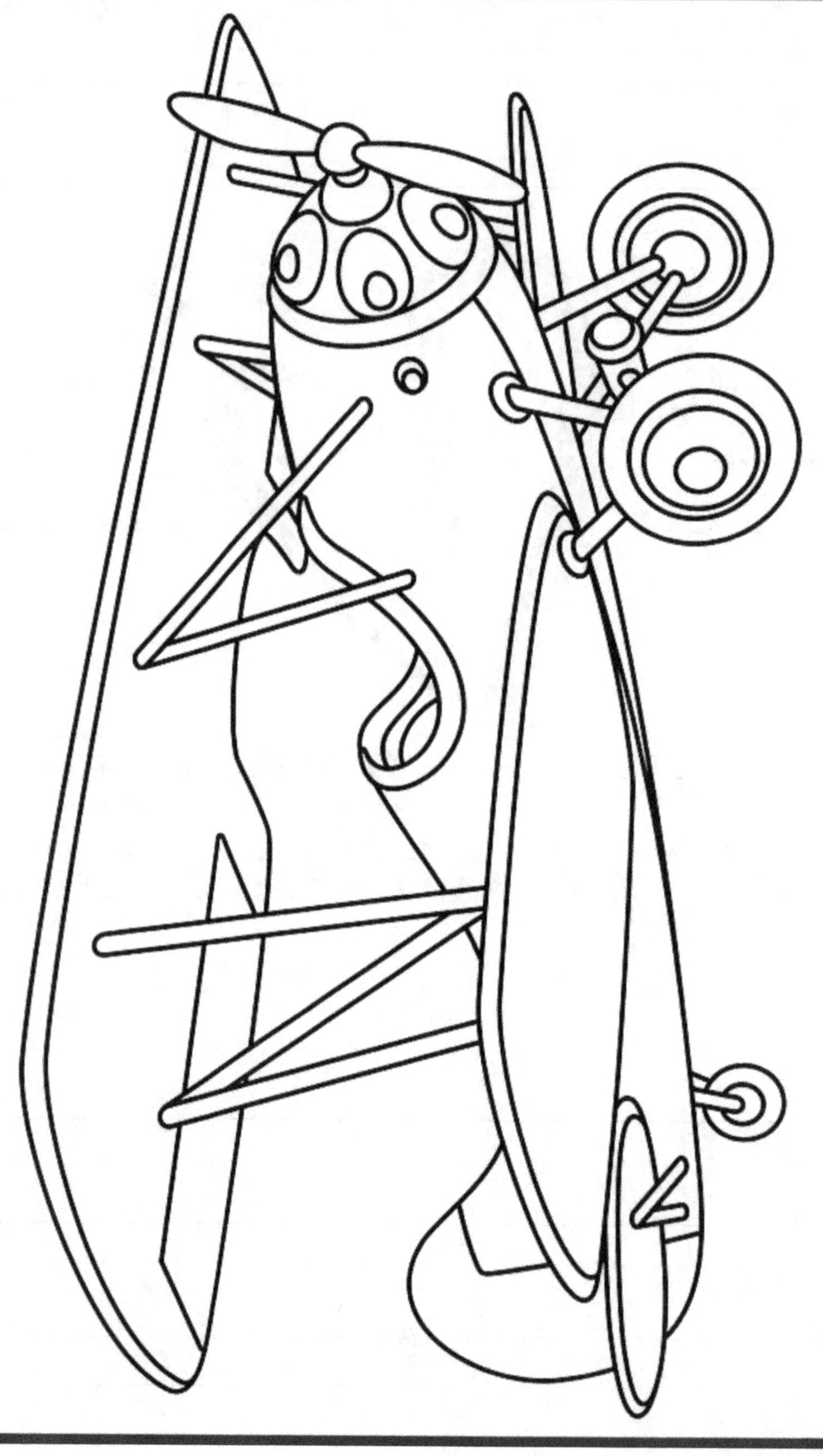

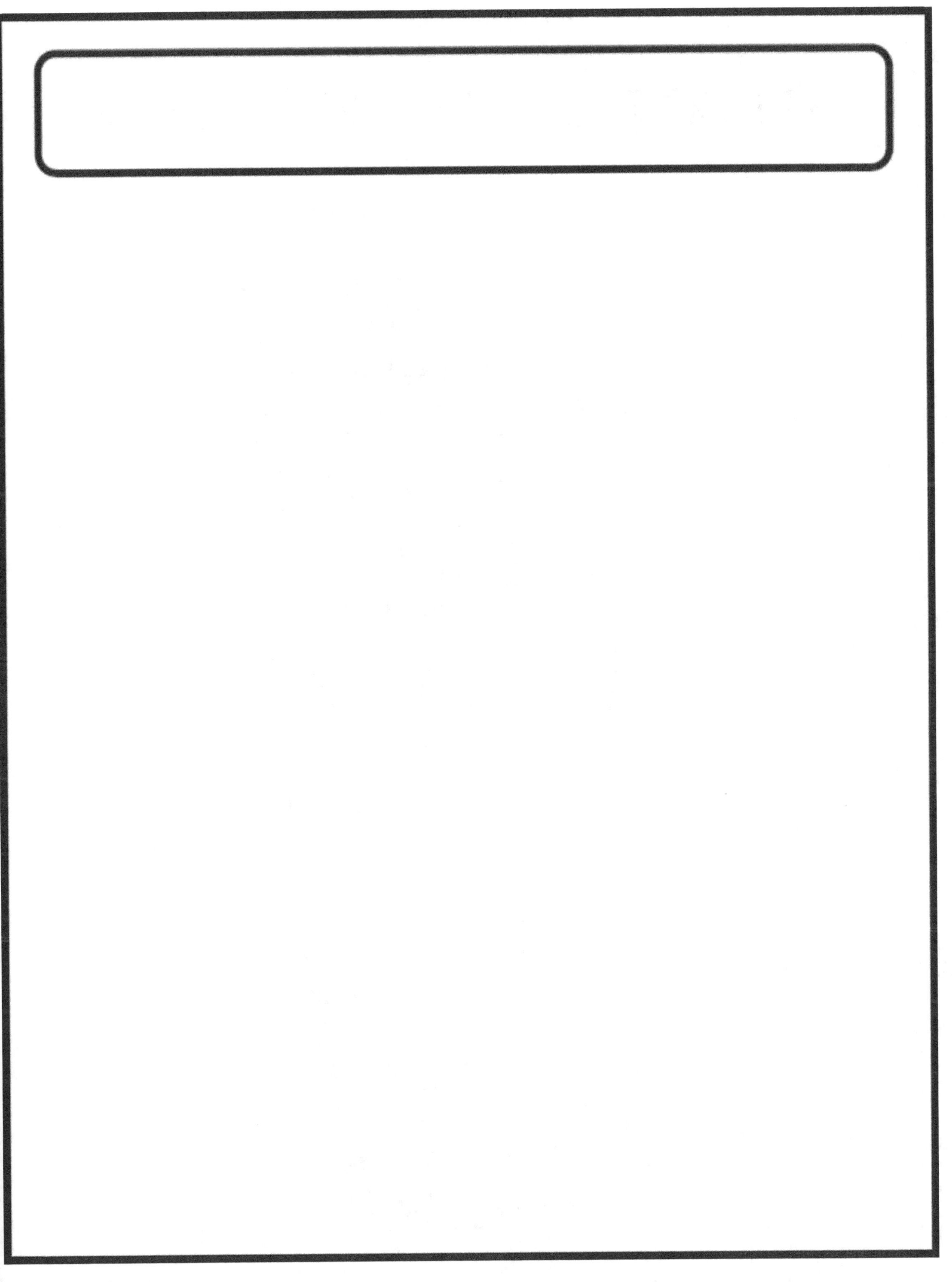

AEREO LIBRO DA COLORARE

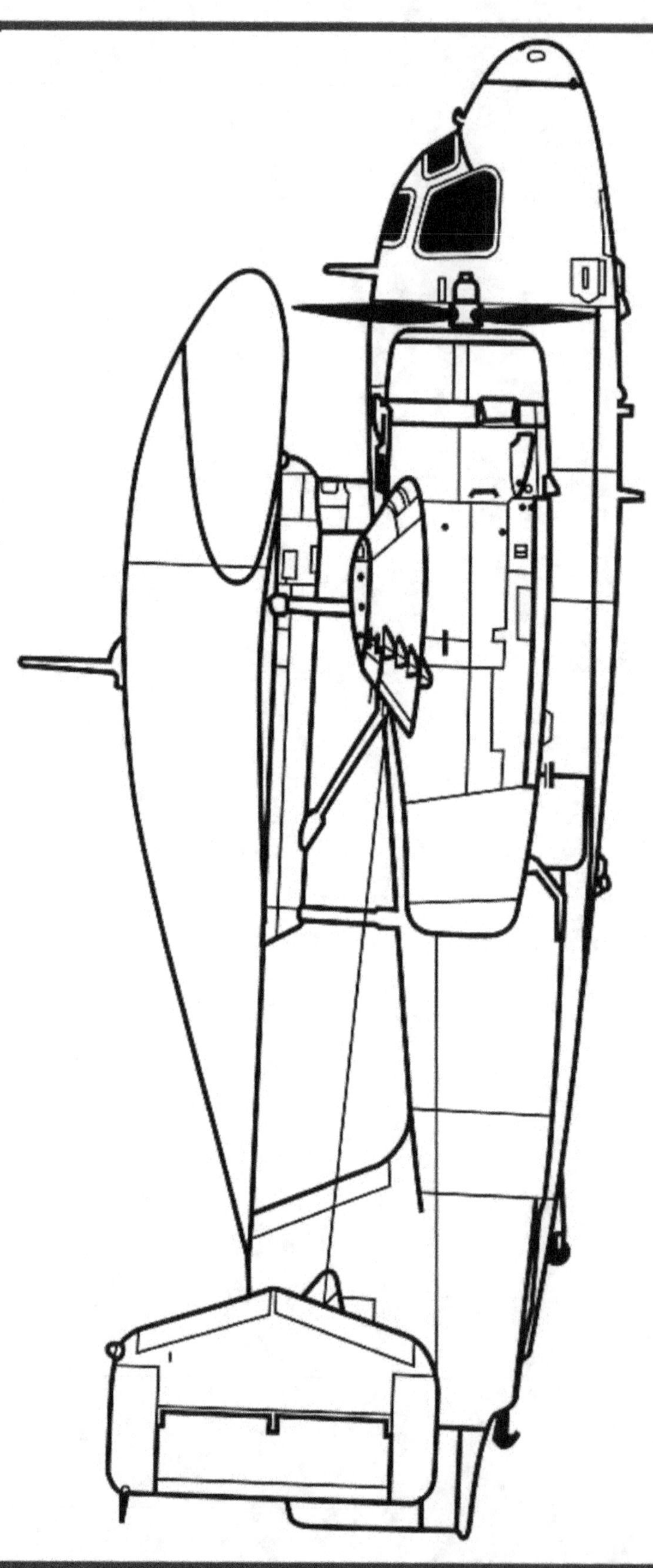

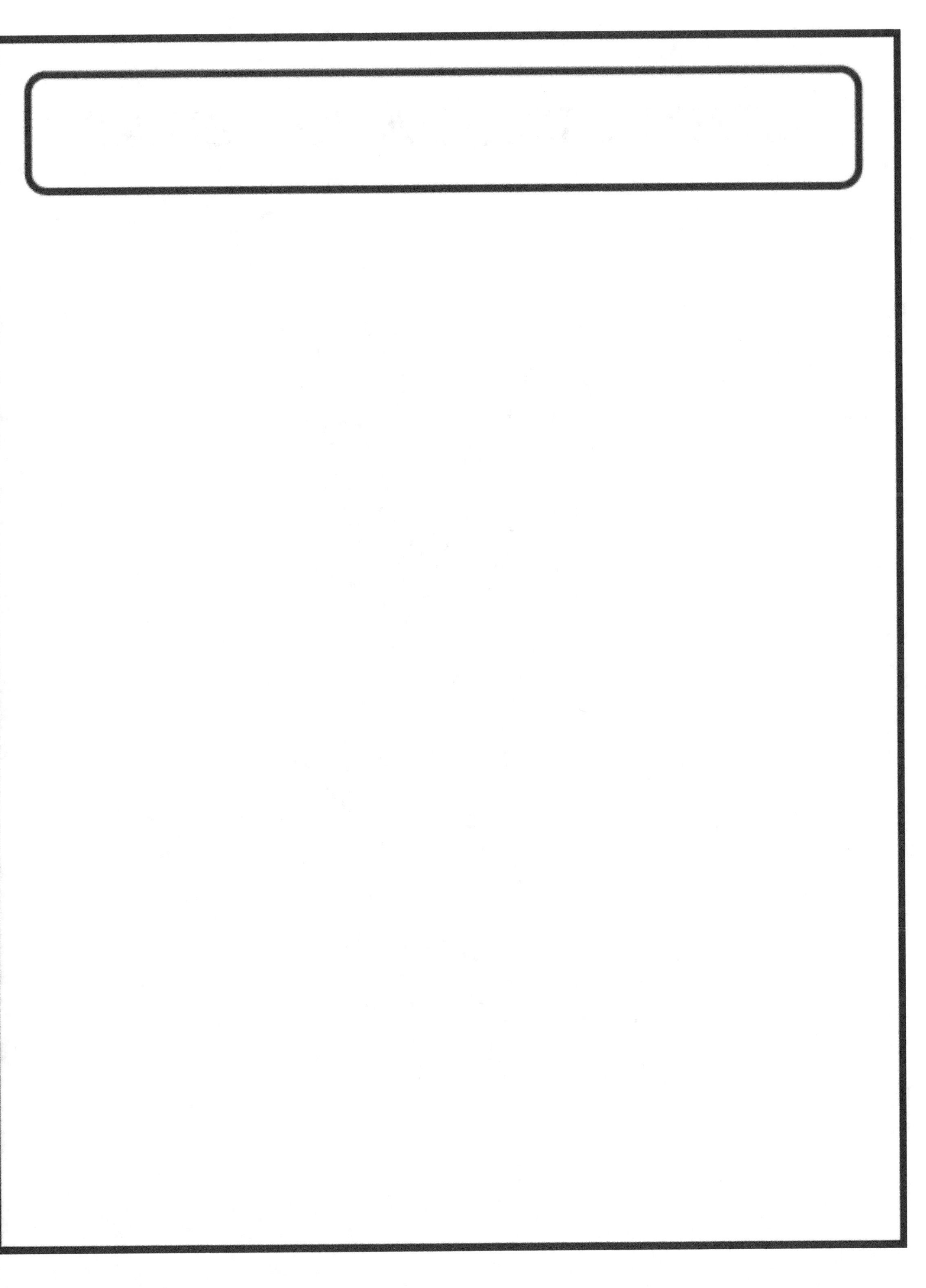

AEREO LIBRO DA COLORARE

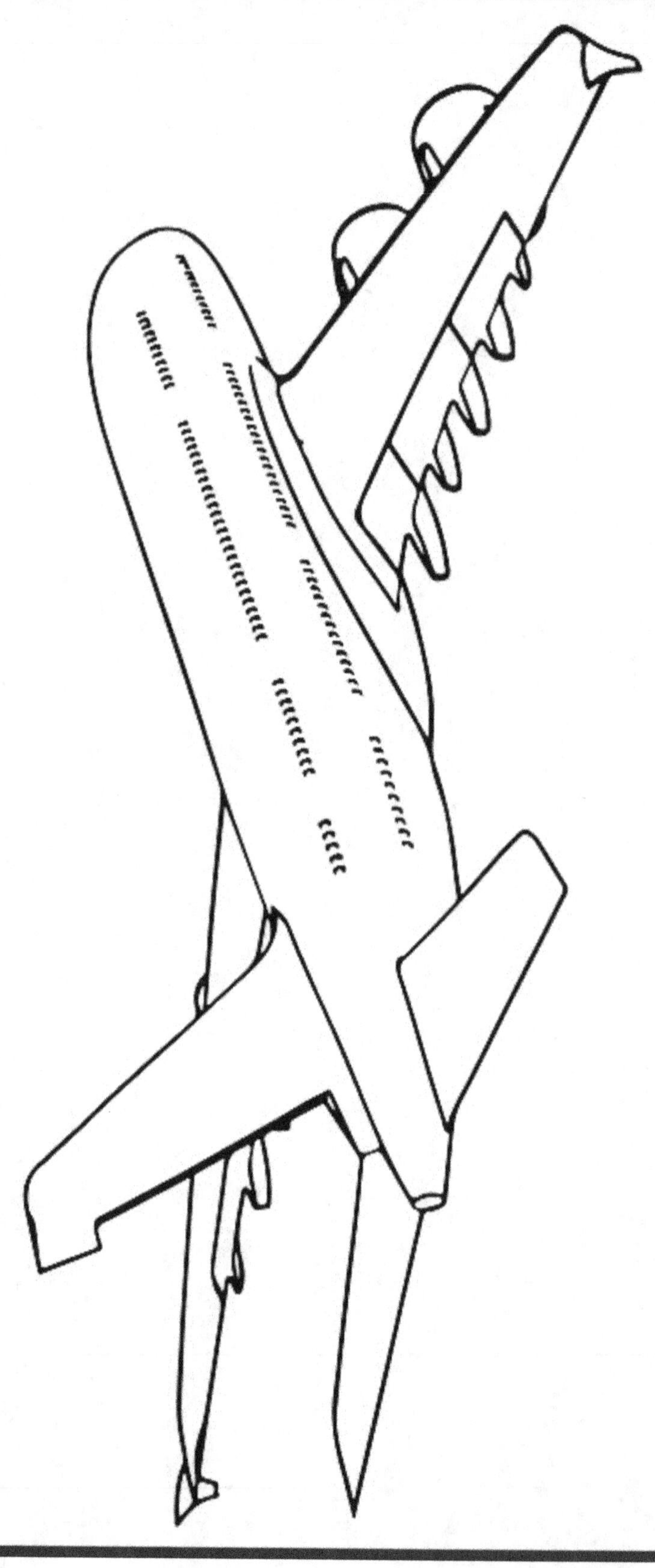

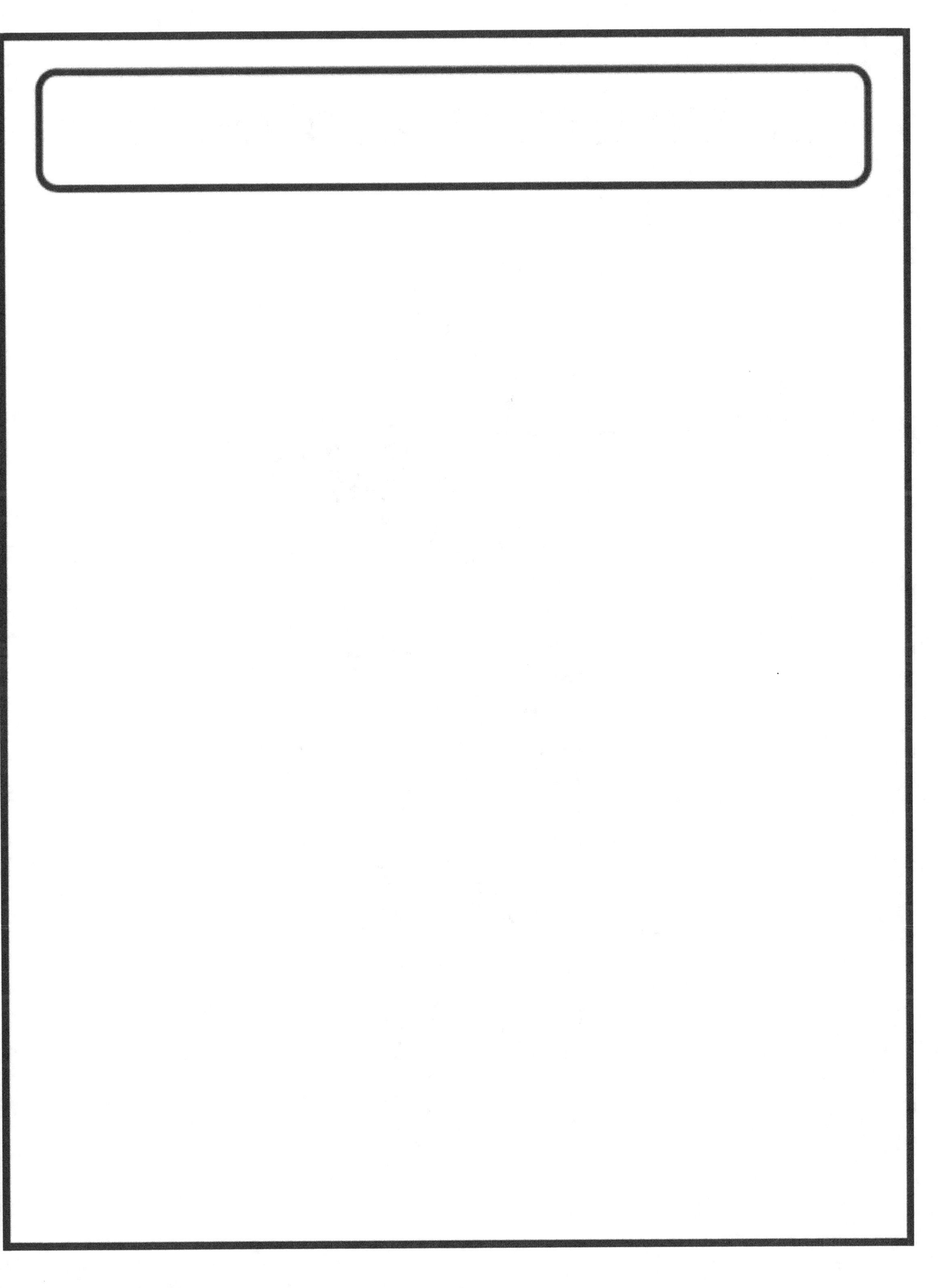

AEREO LIBRO DA COLORARE

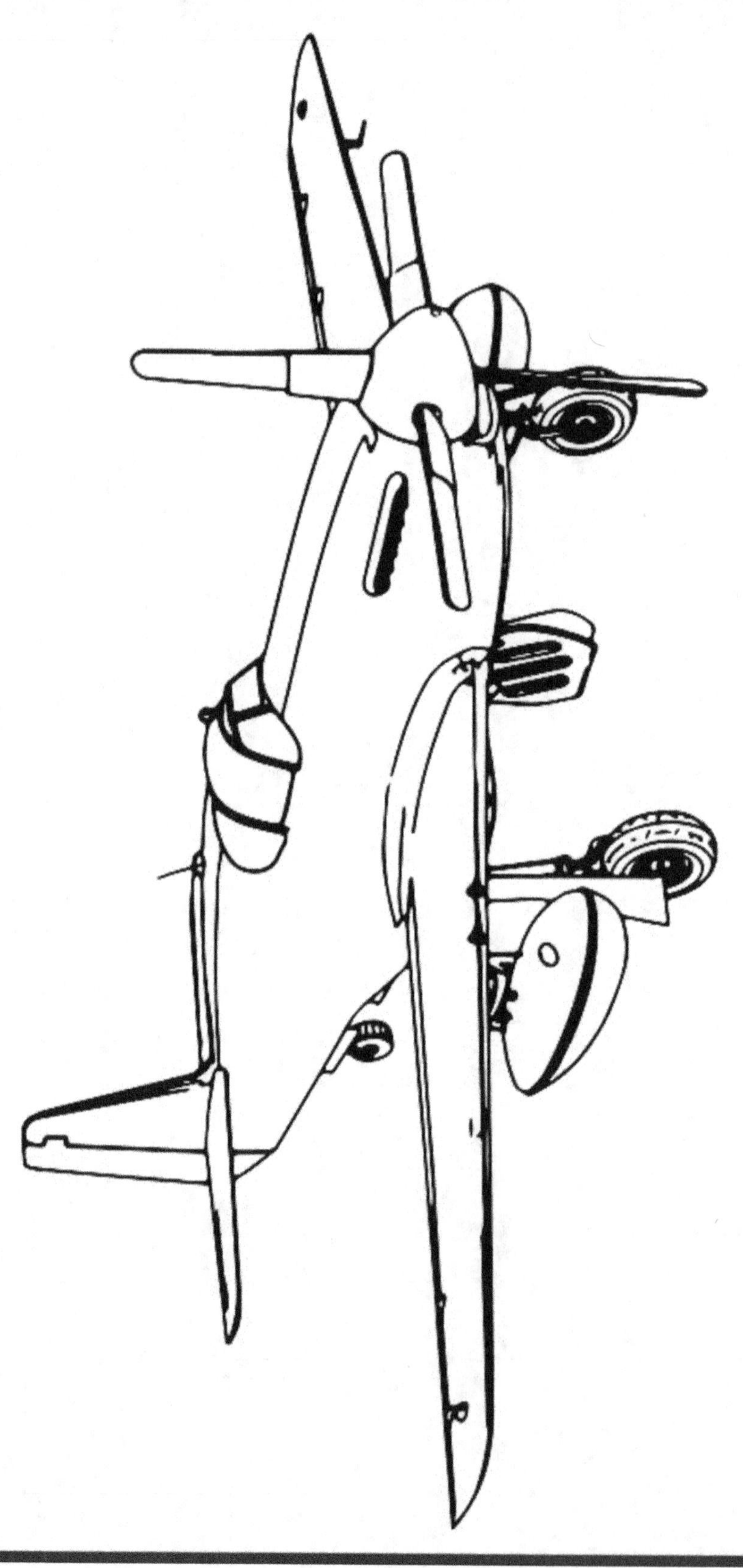

AEREO LIBRO DA COLORARE

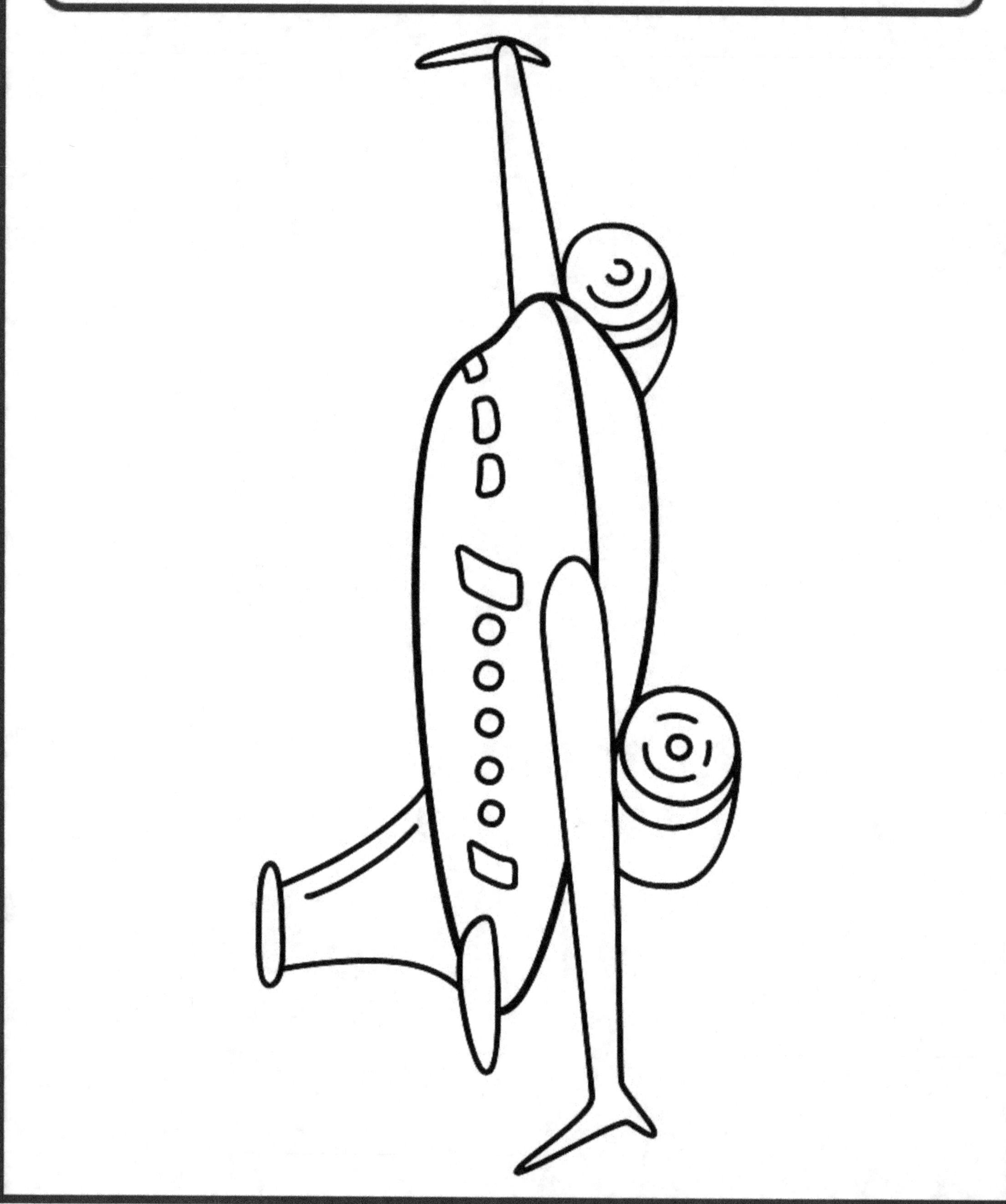

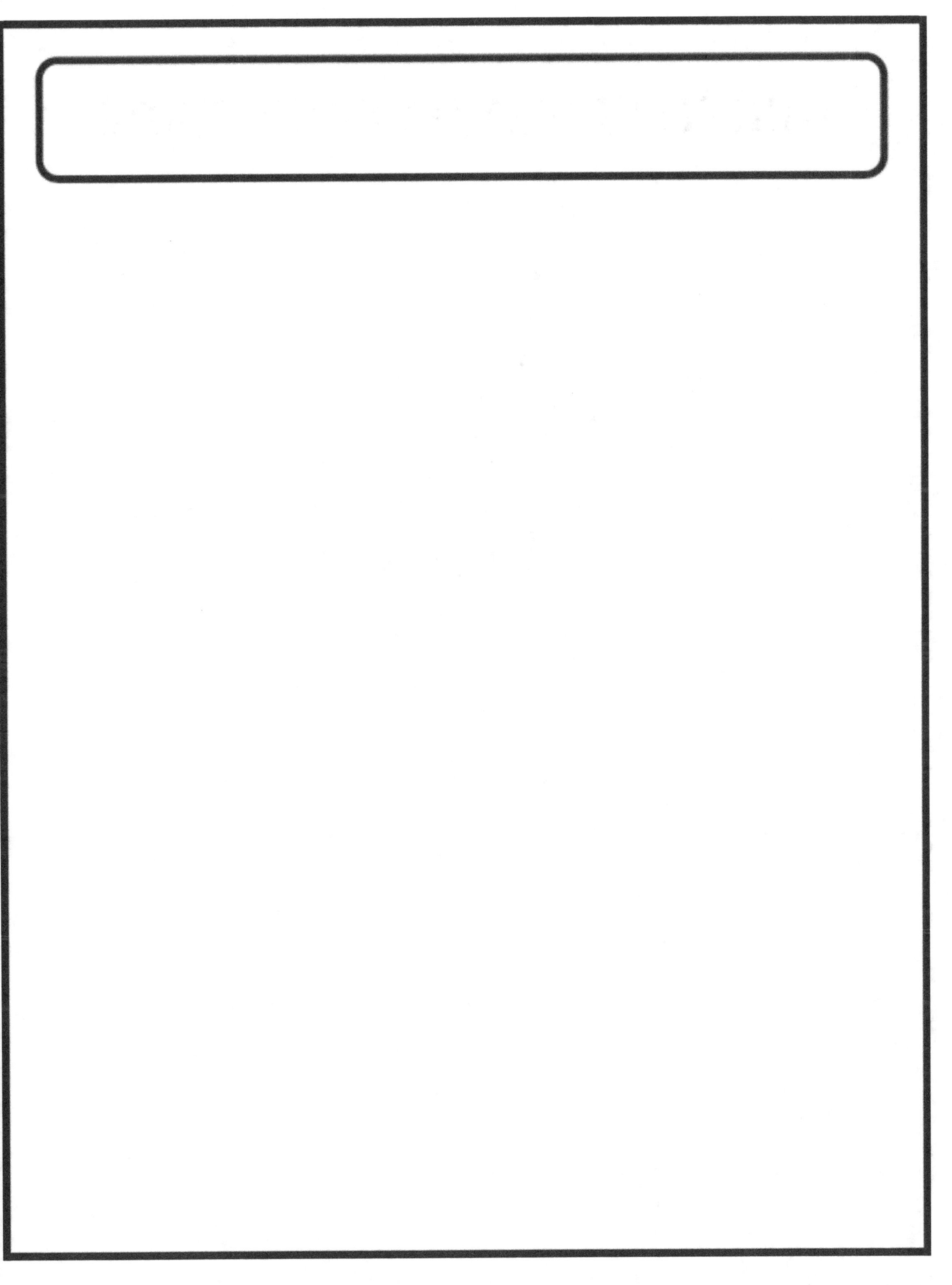

AEREO LIBRO DA COLORARE

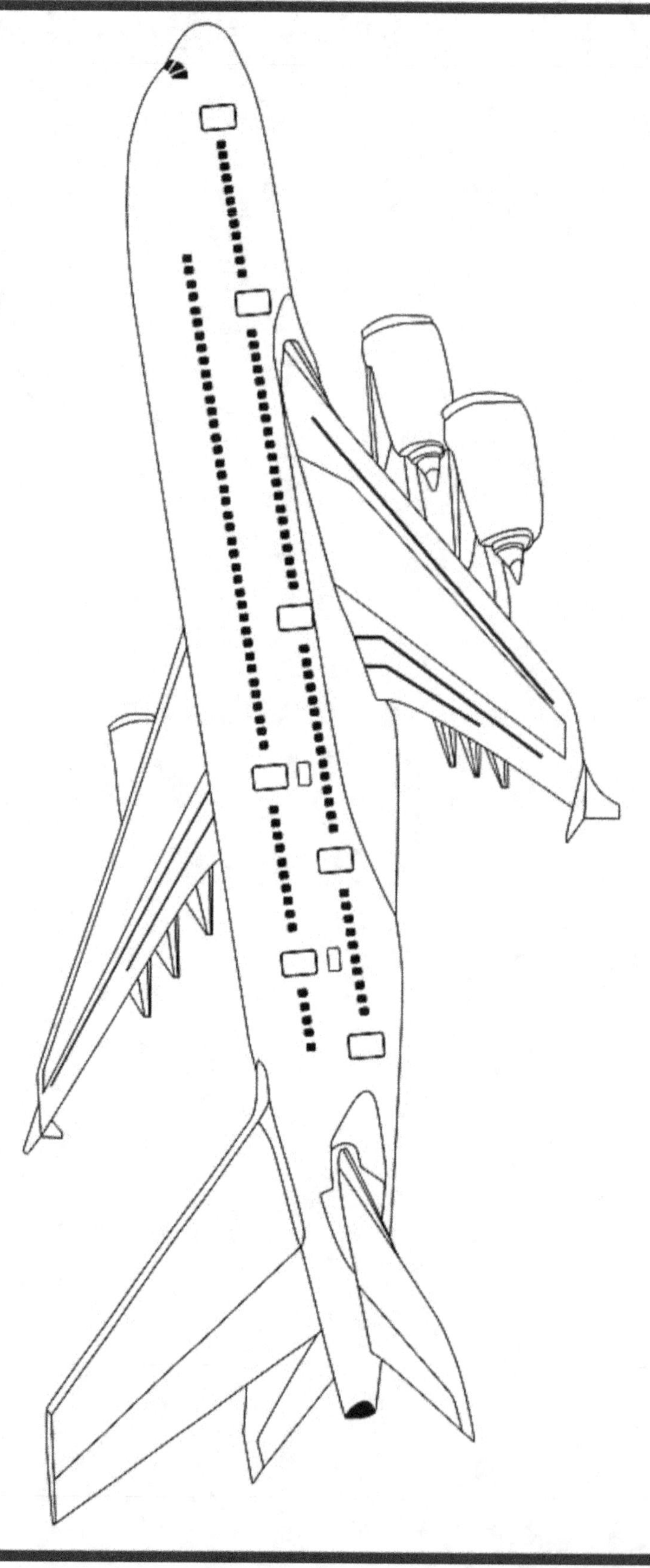

AEREO LIBRO DA COLORARE

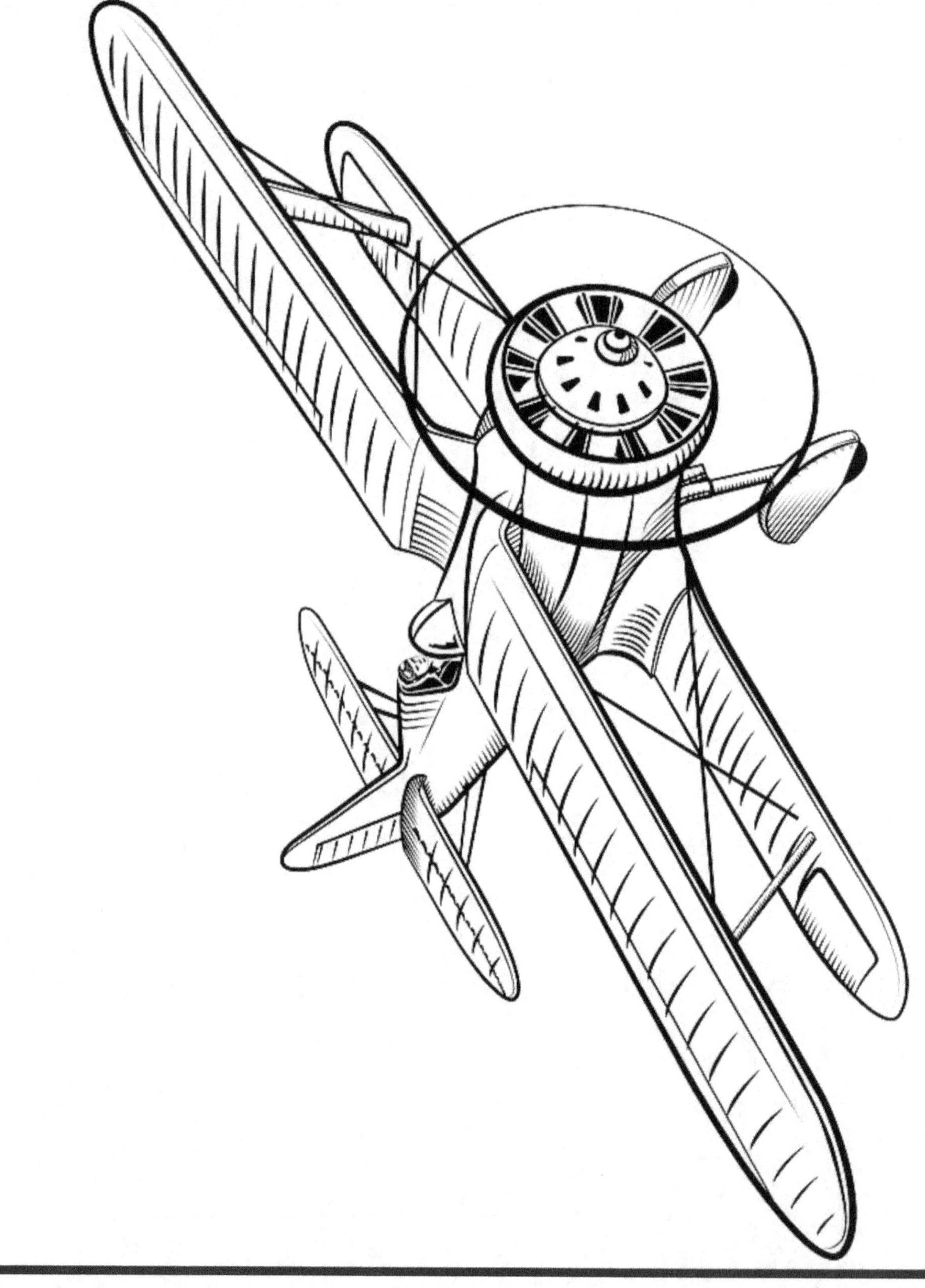

AEREO LIBRO DA COLORARE

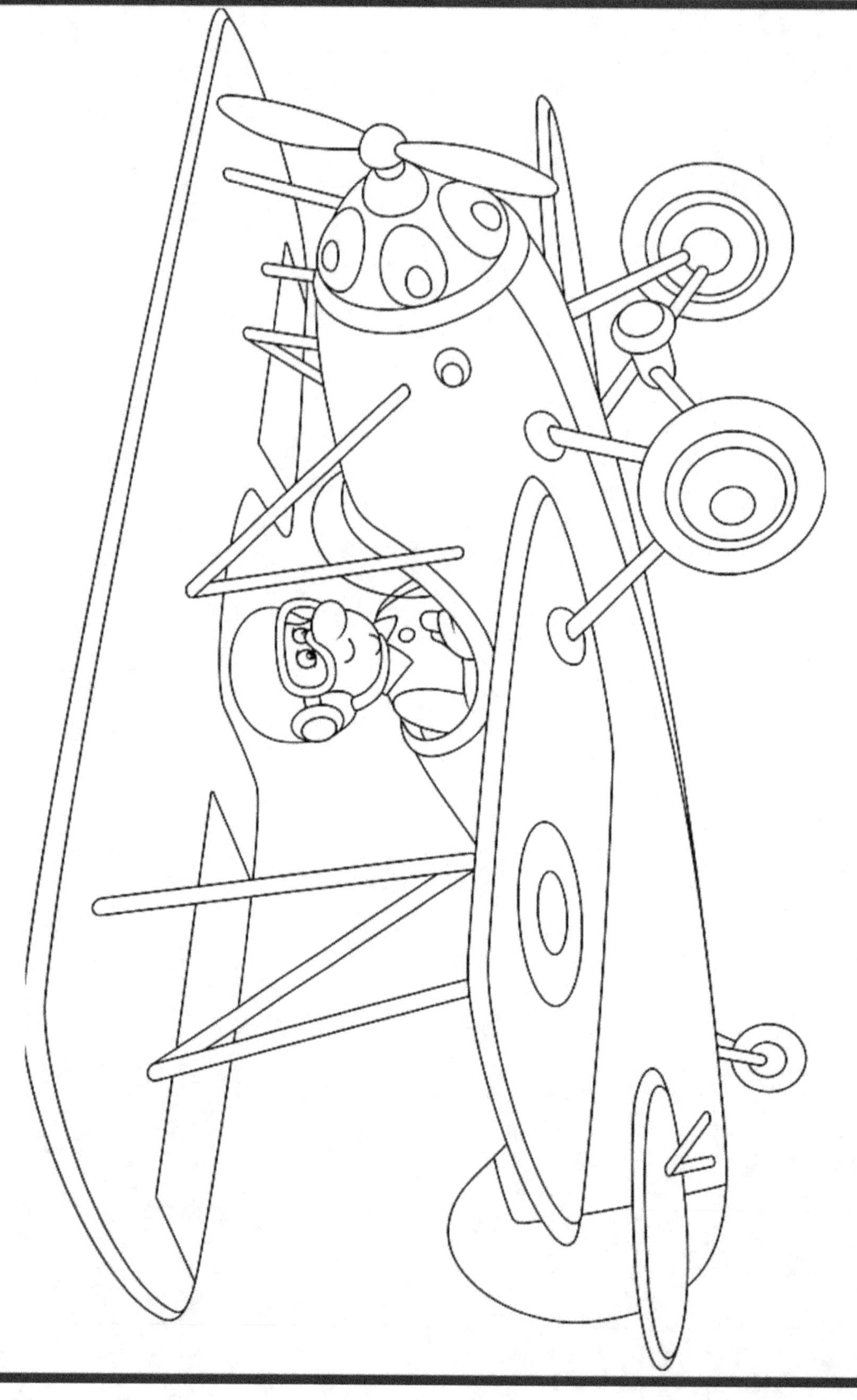

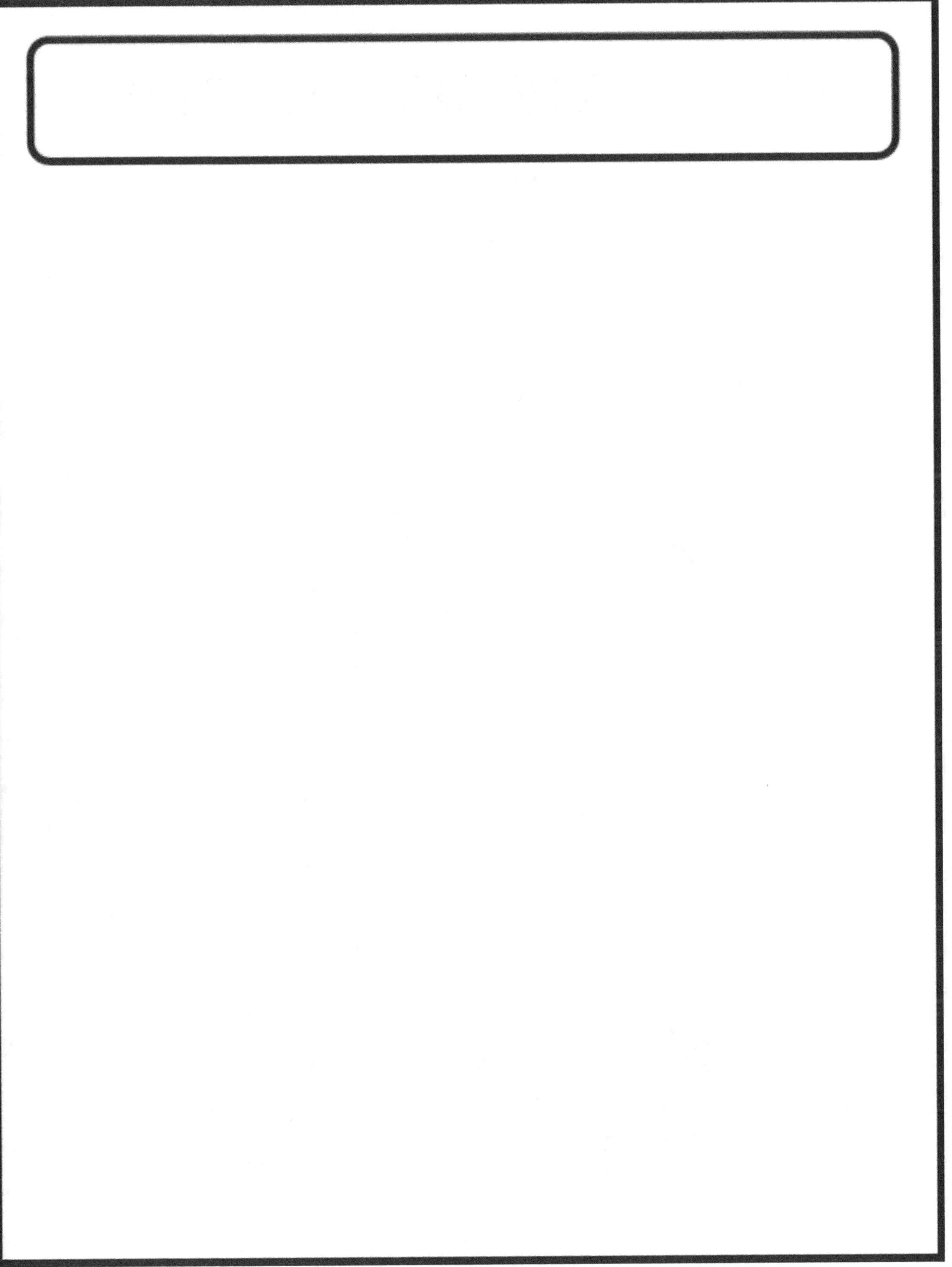

AEREO LIBRO DA COLORARE

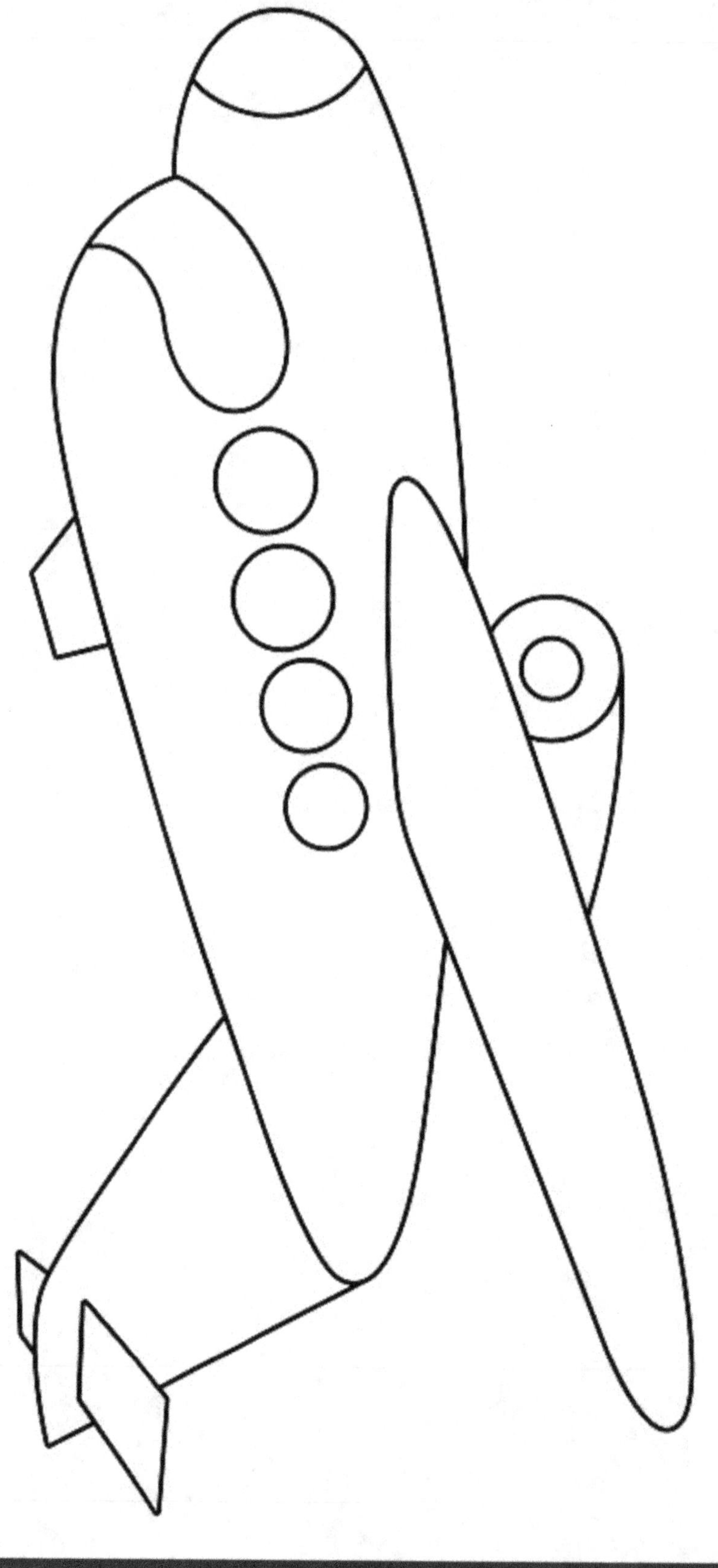

AEREO LIBRO DA COLORARE

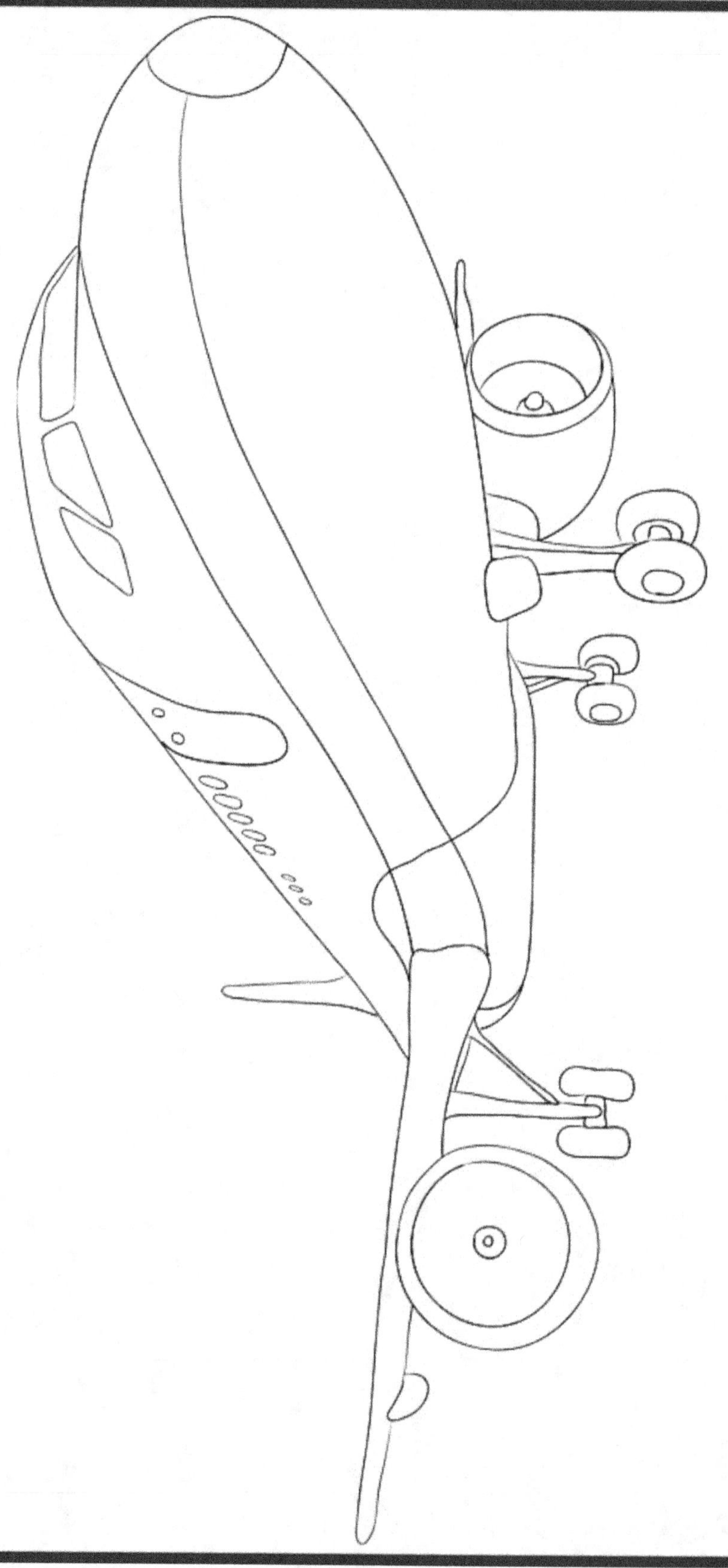

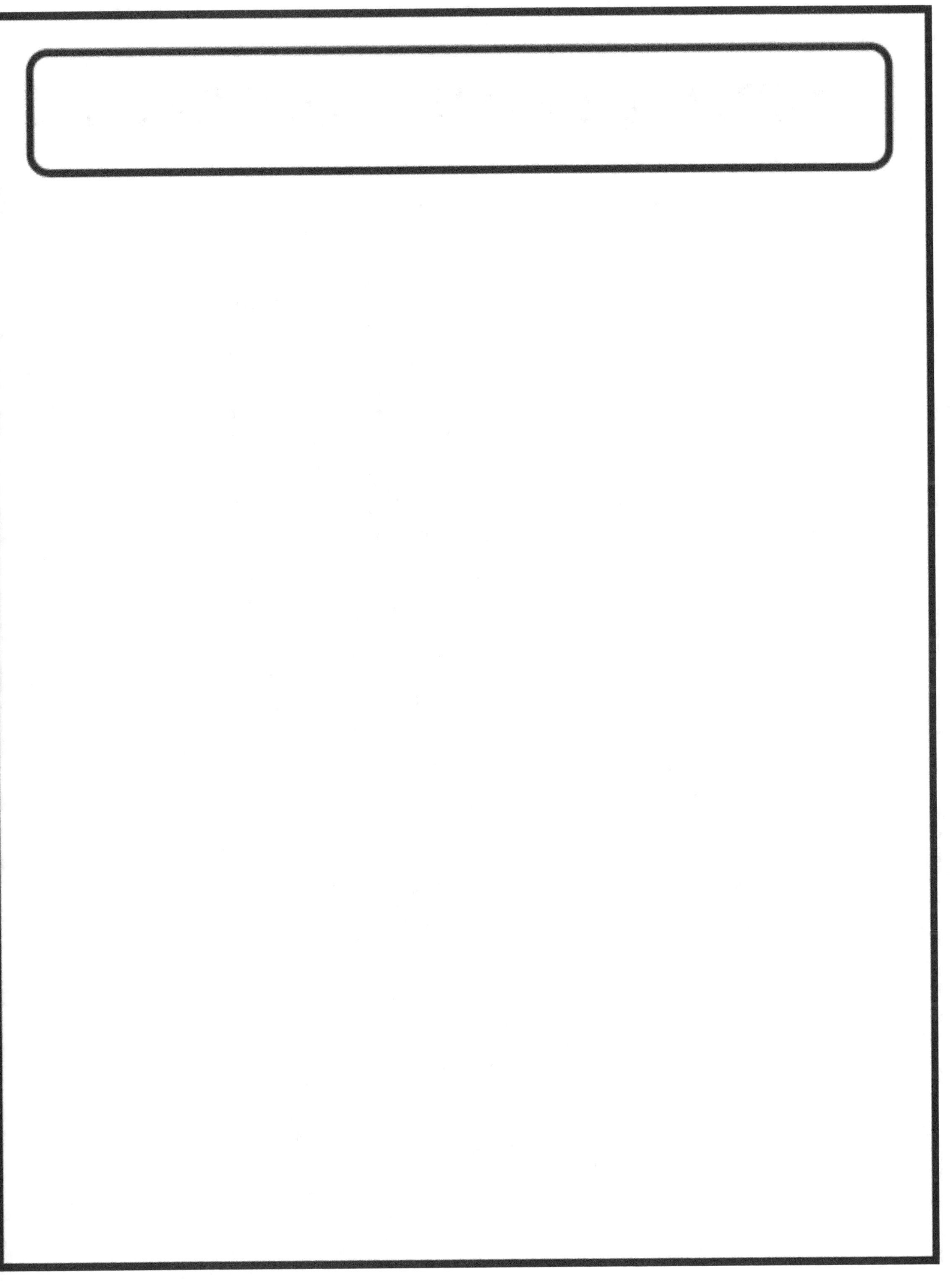

AEREO LIBRO DA COLORARE

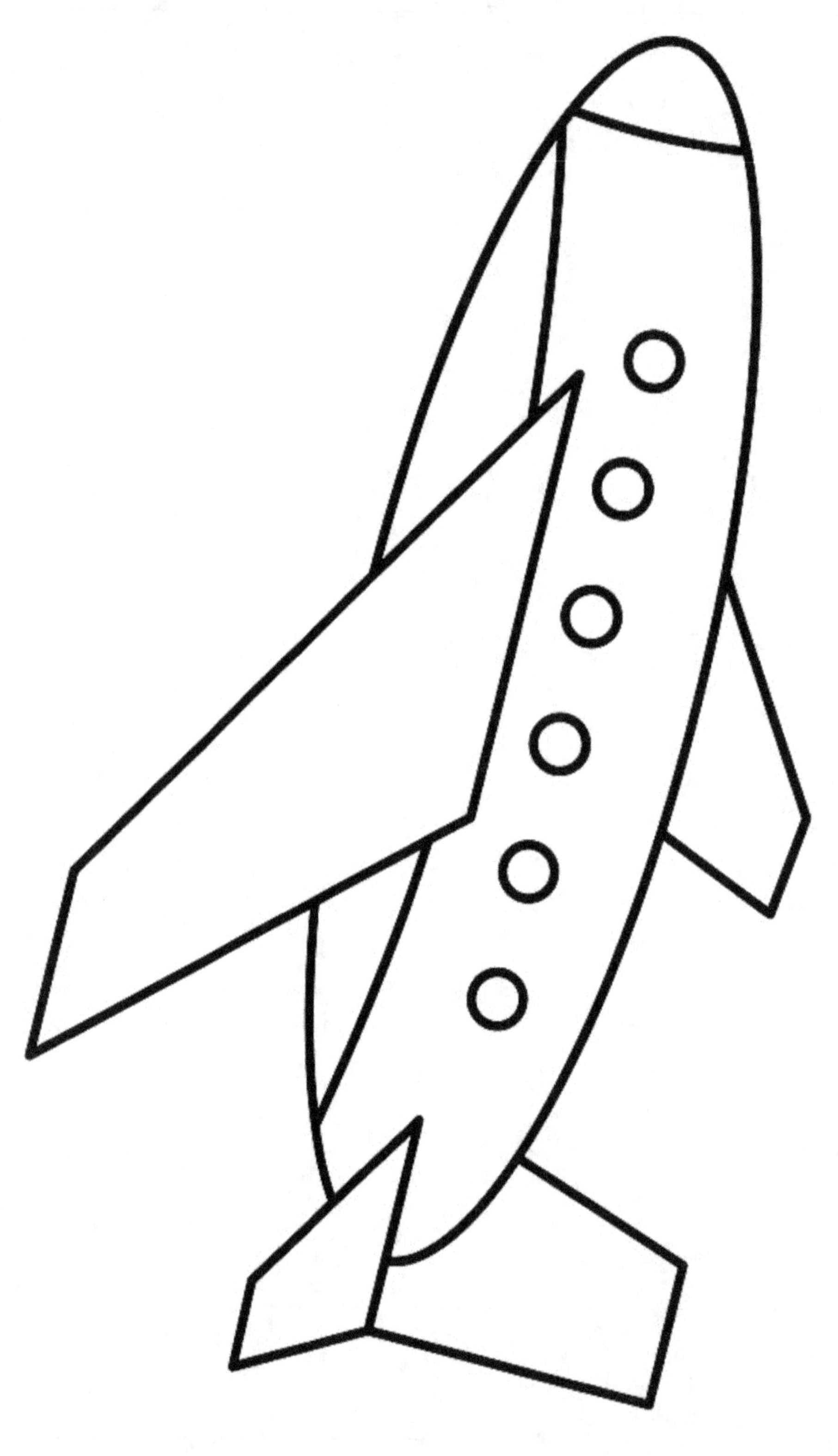

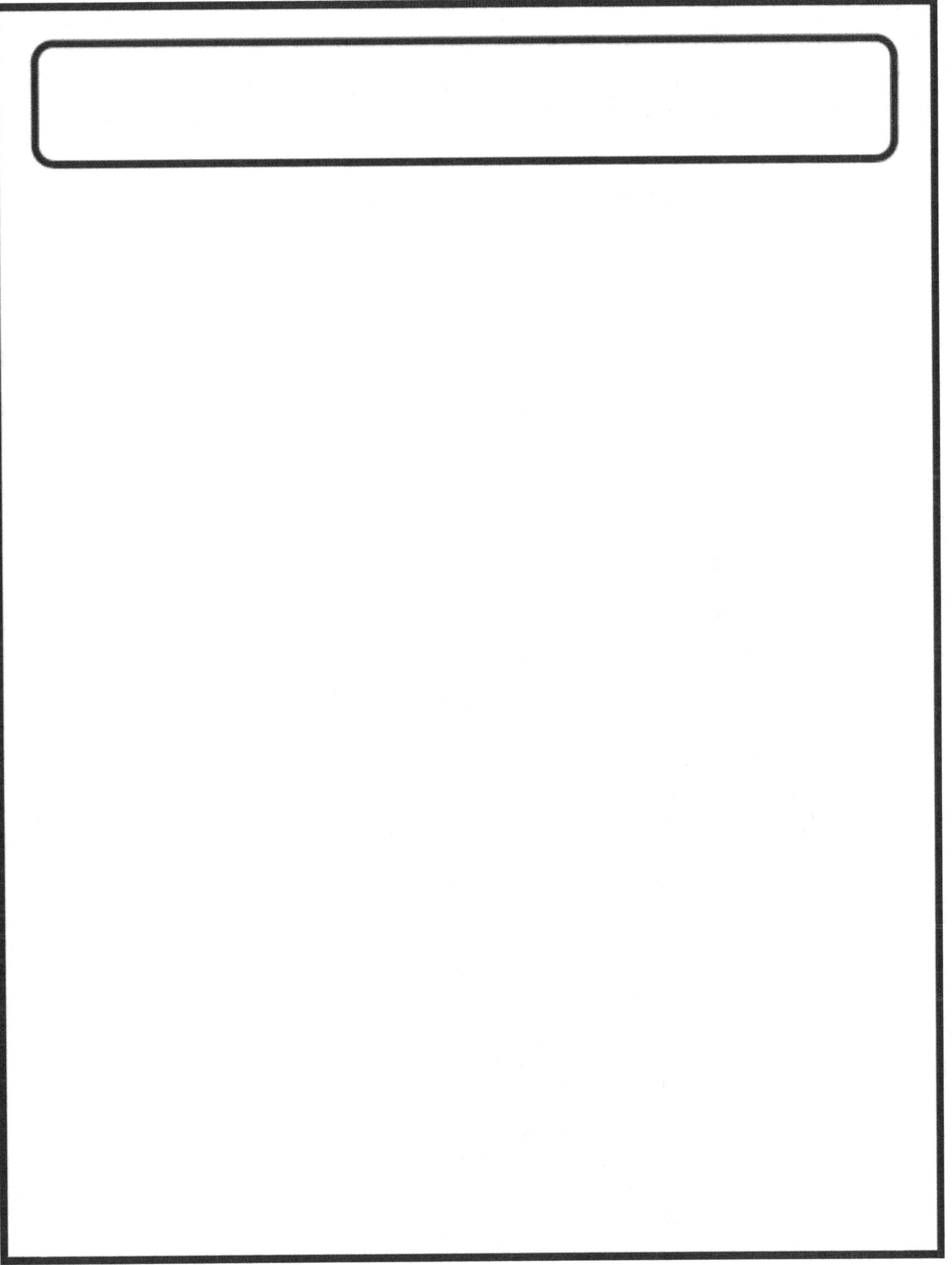

AEREO LIBRO DA COLORARE

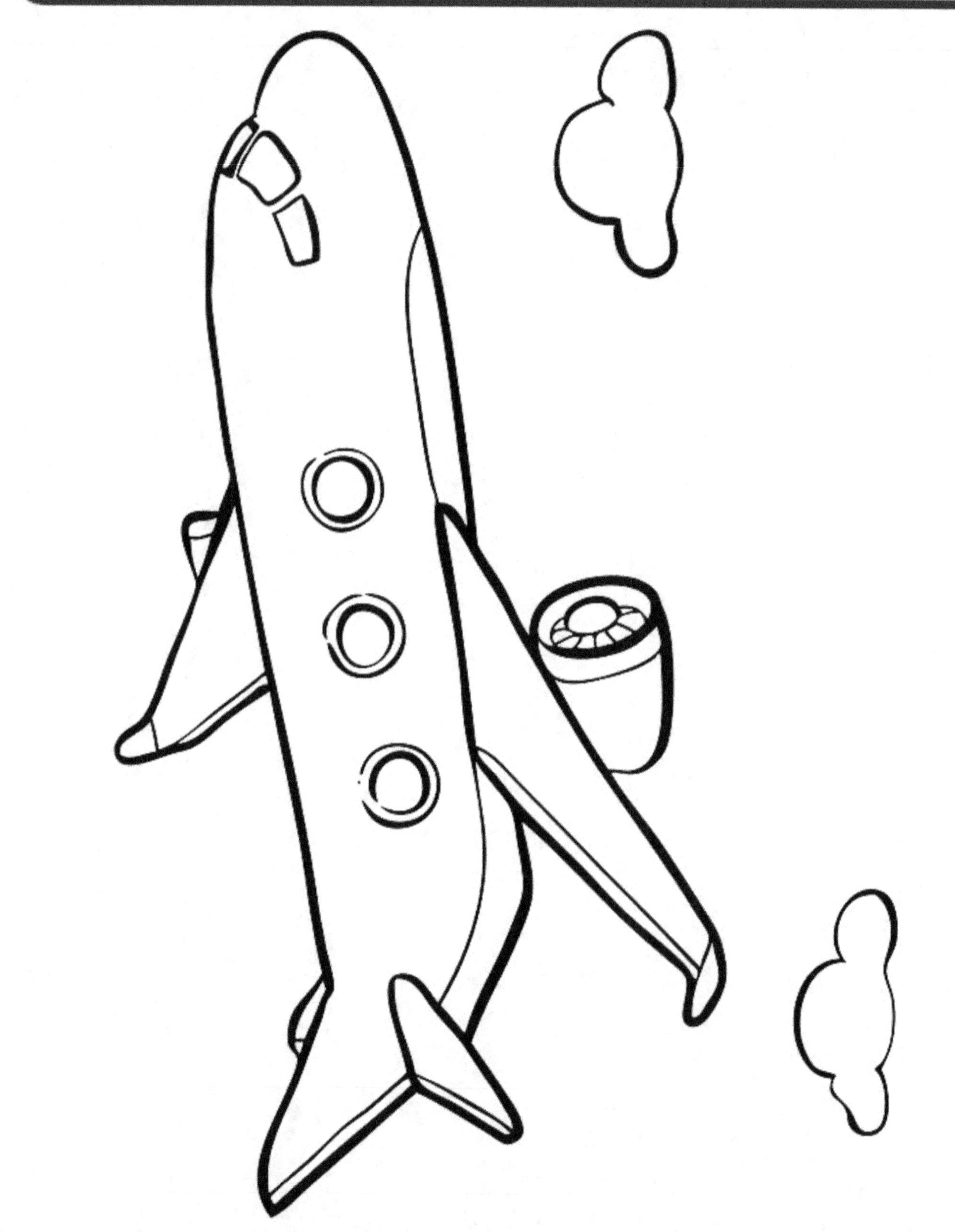

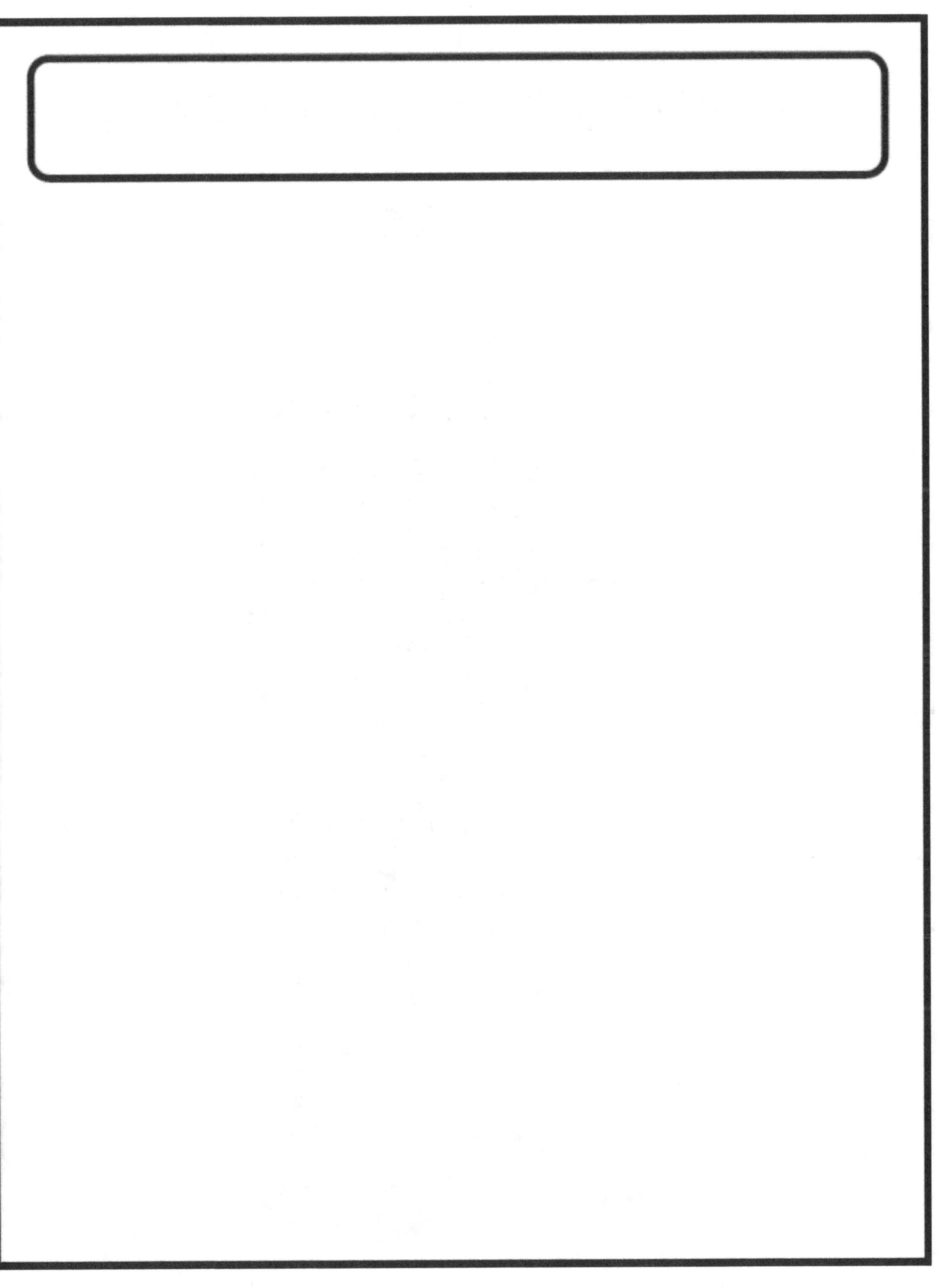

AEREO LIBRO DA COLORARE

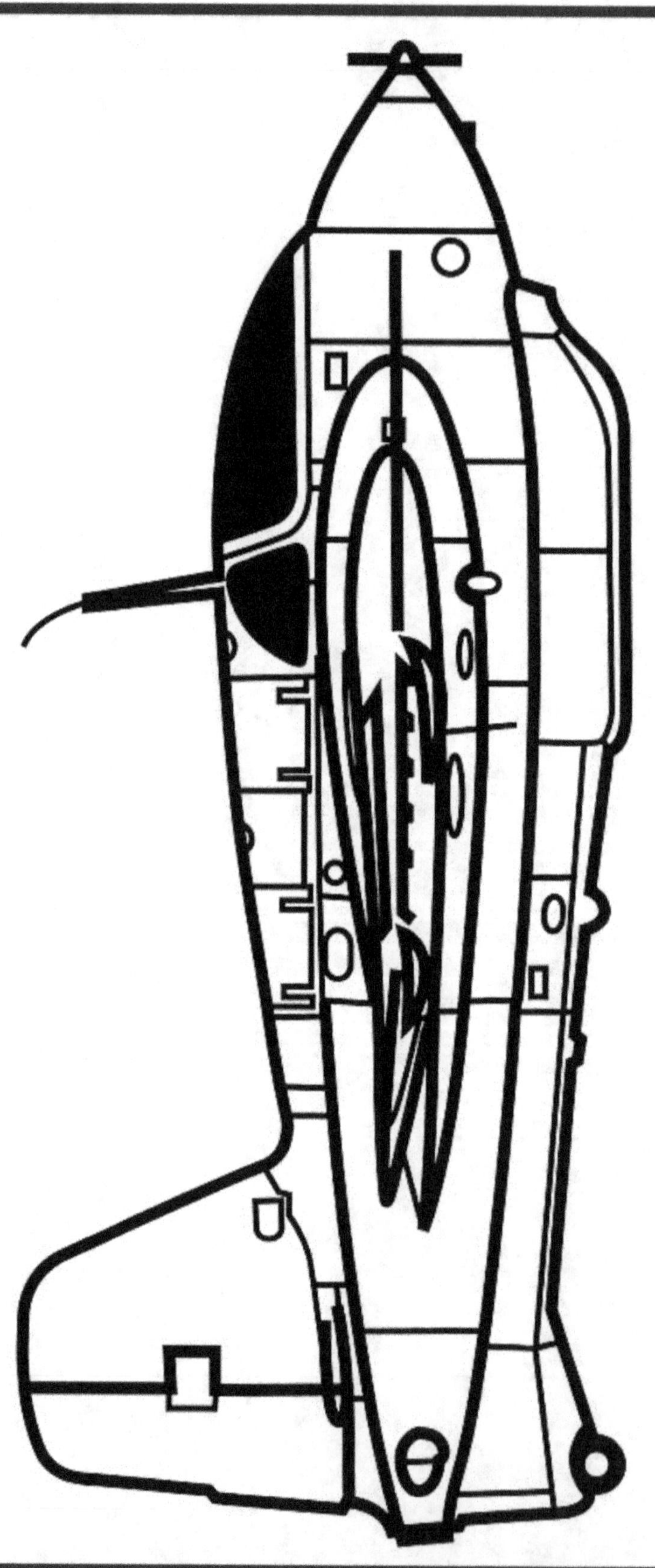

AEREO LIBRO DA COLORARE

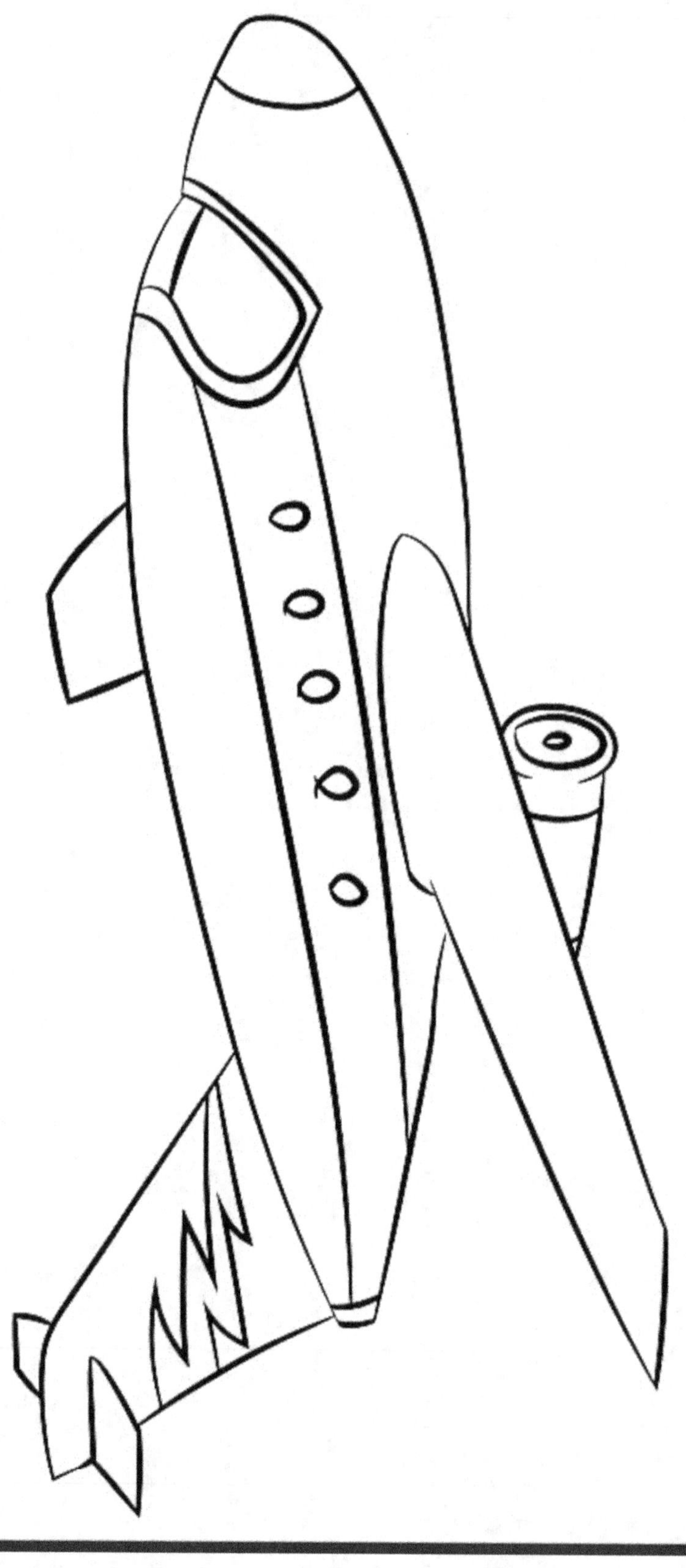

AEREO LIBRO DA COLORARE

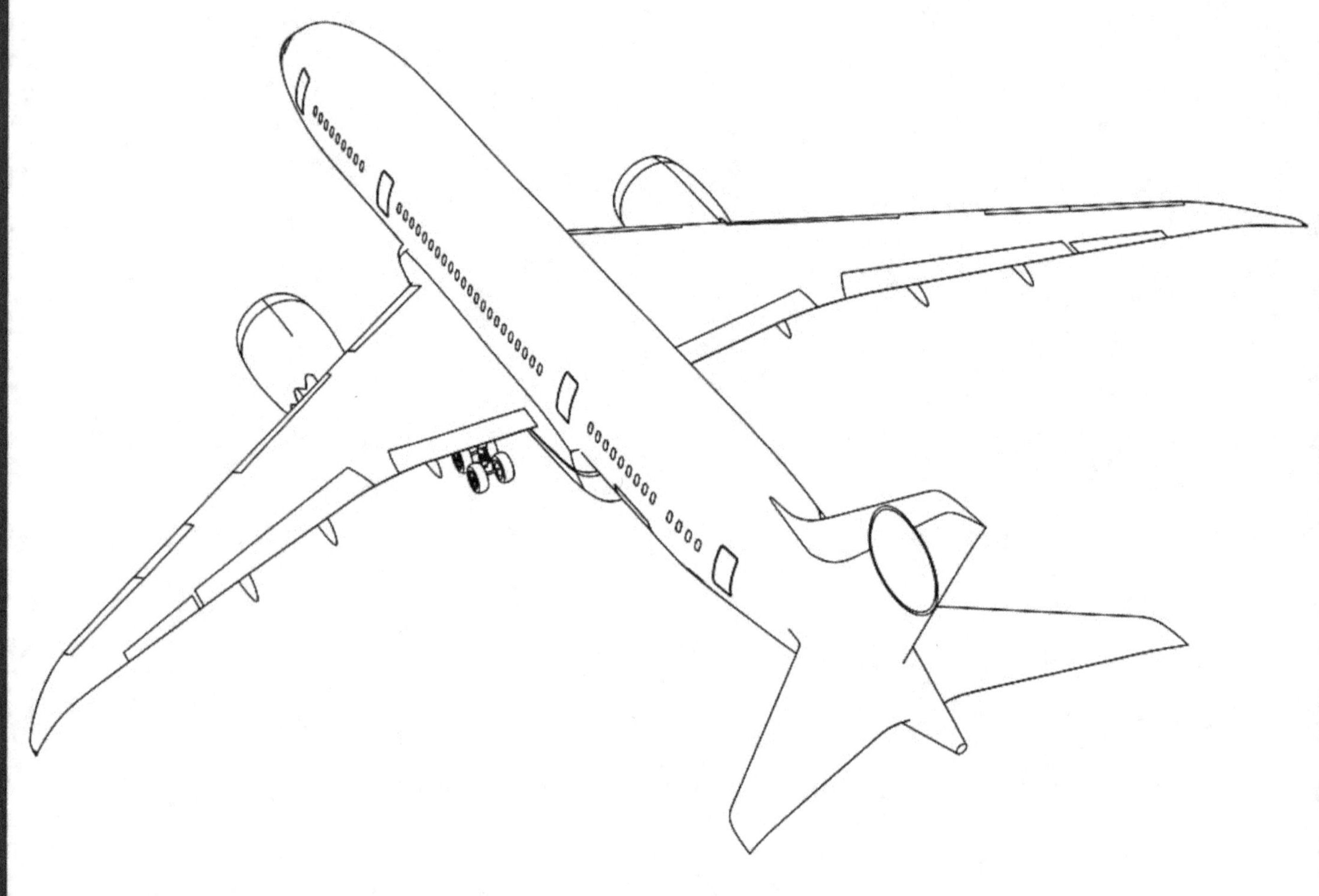

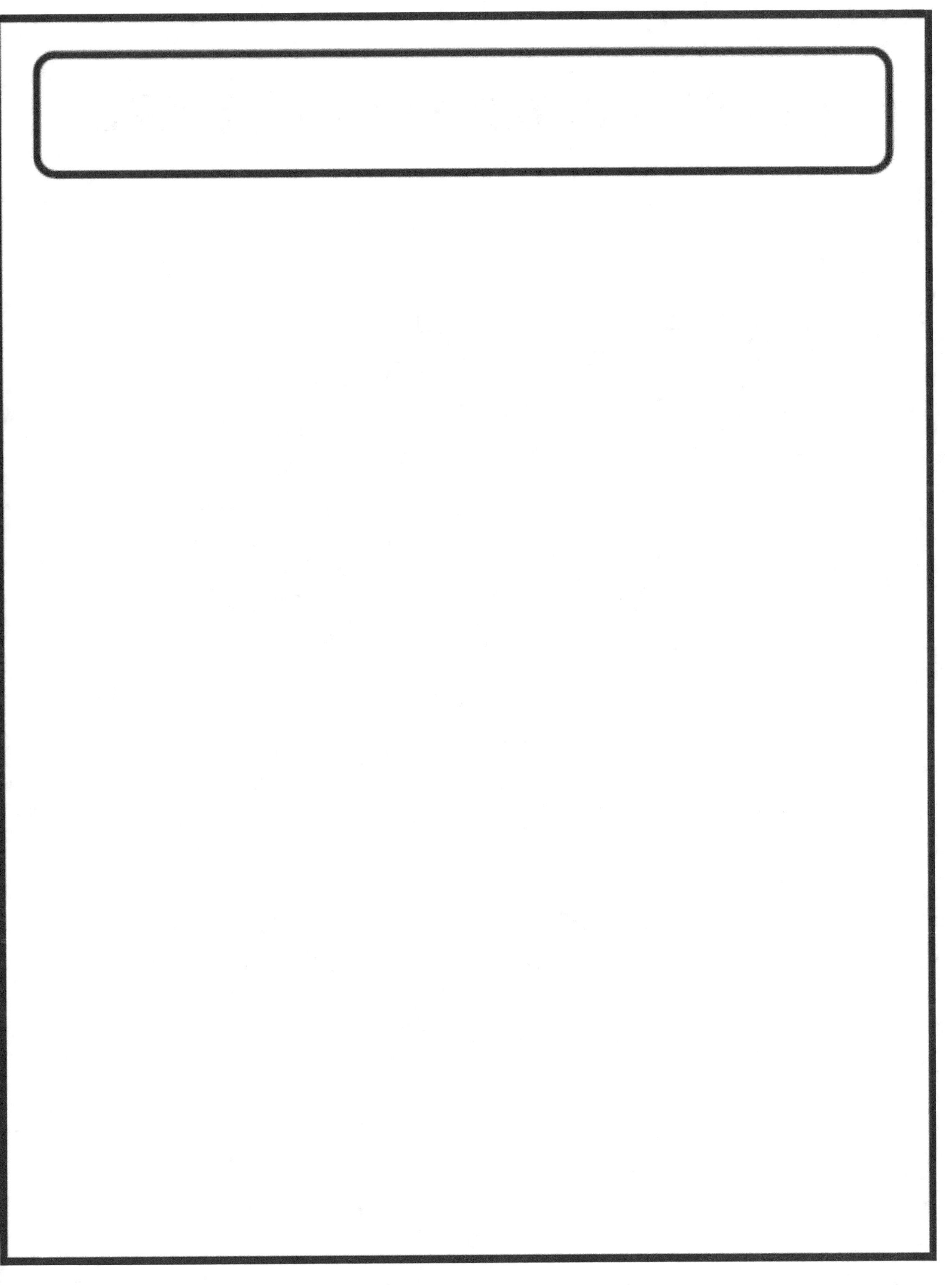

AEREO LIBRO DA COLORARE

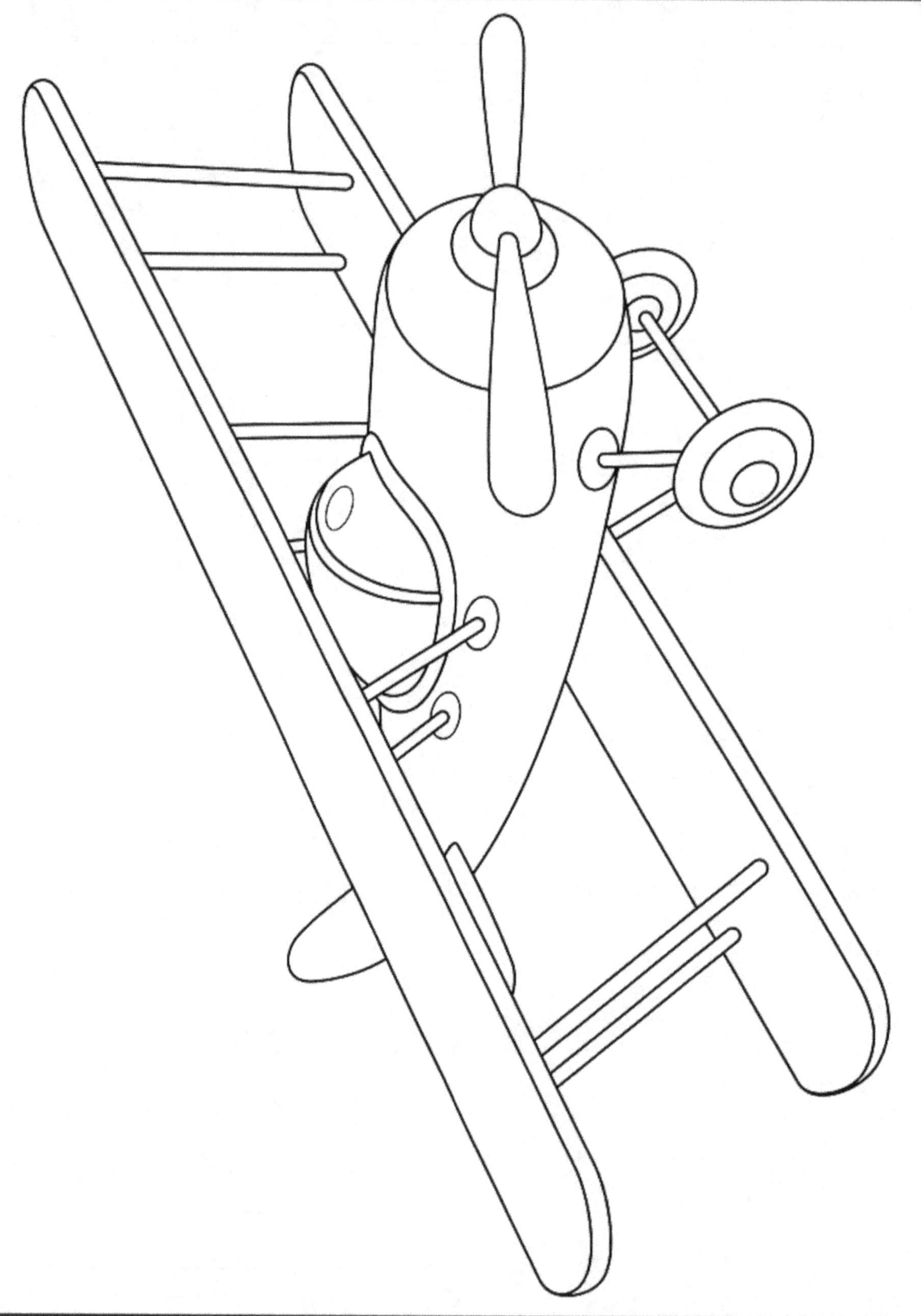

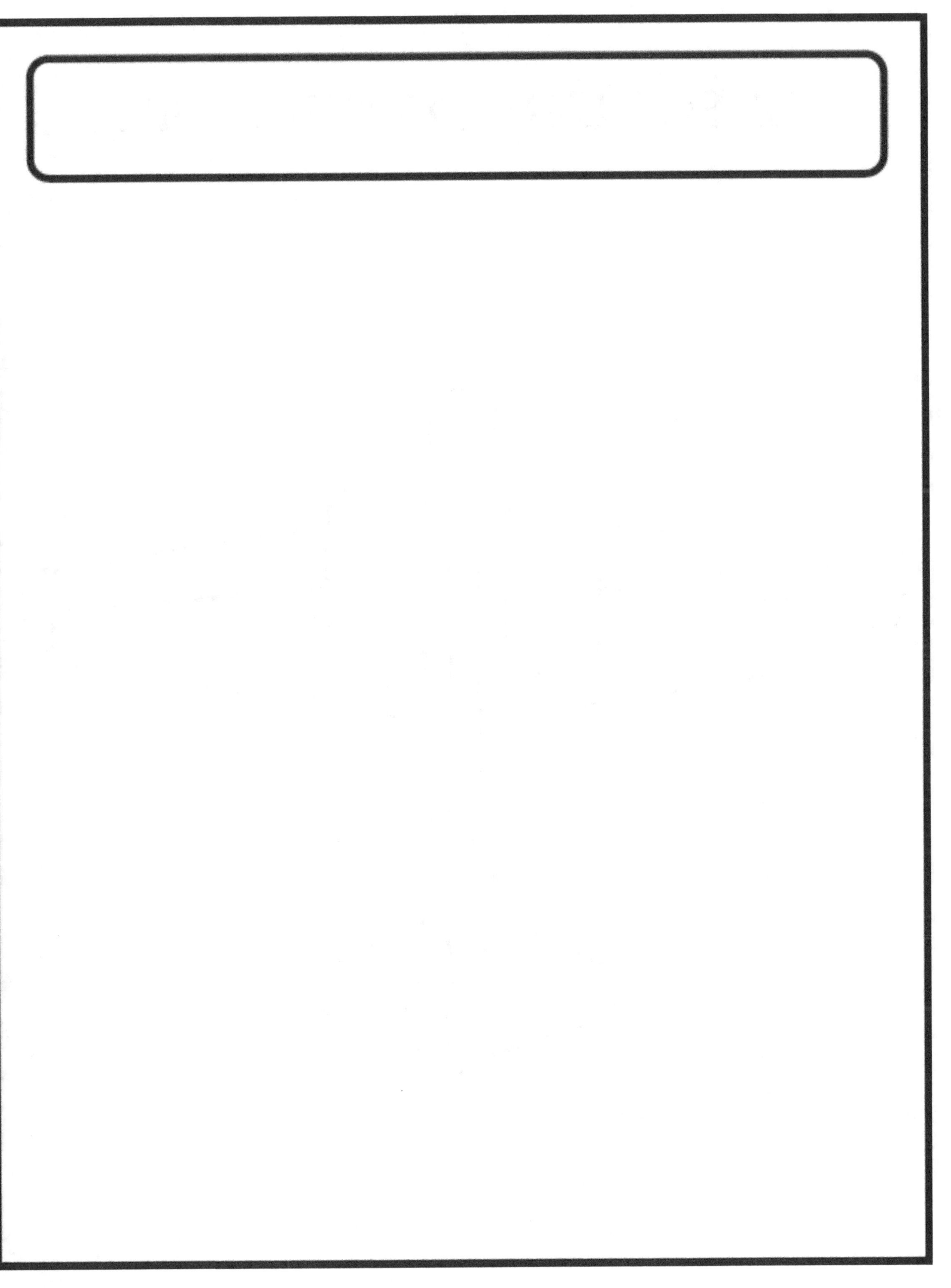

AEREO LIBRO DA COLORARE

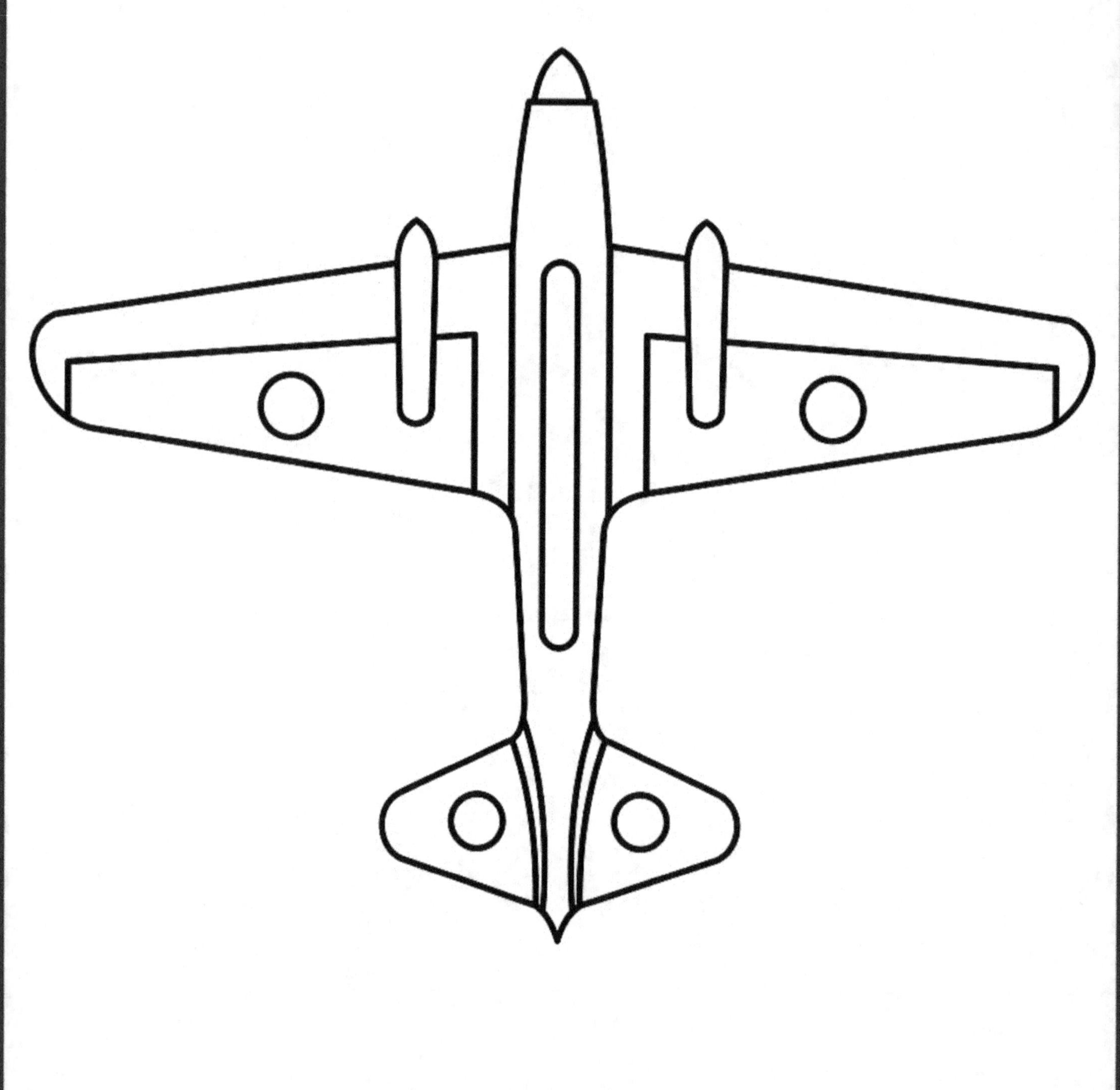

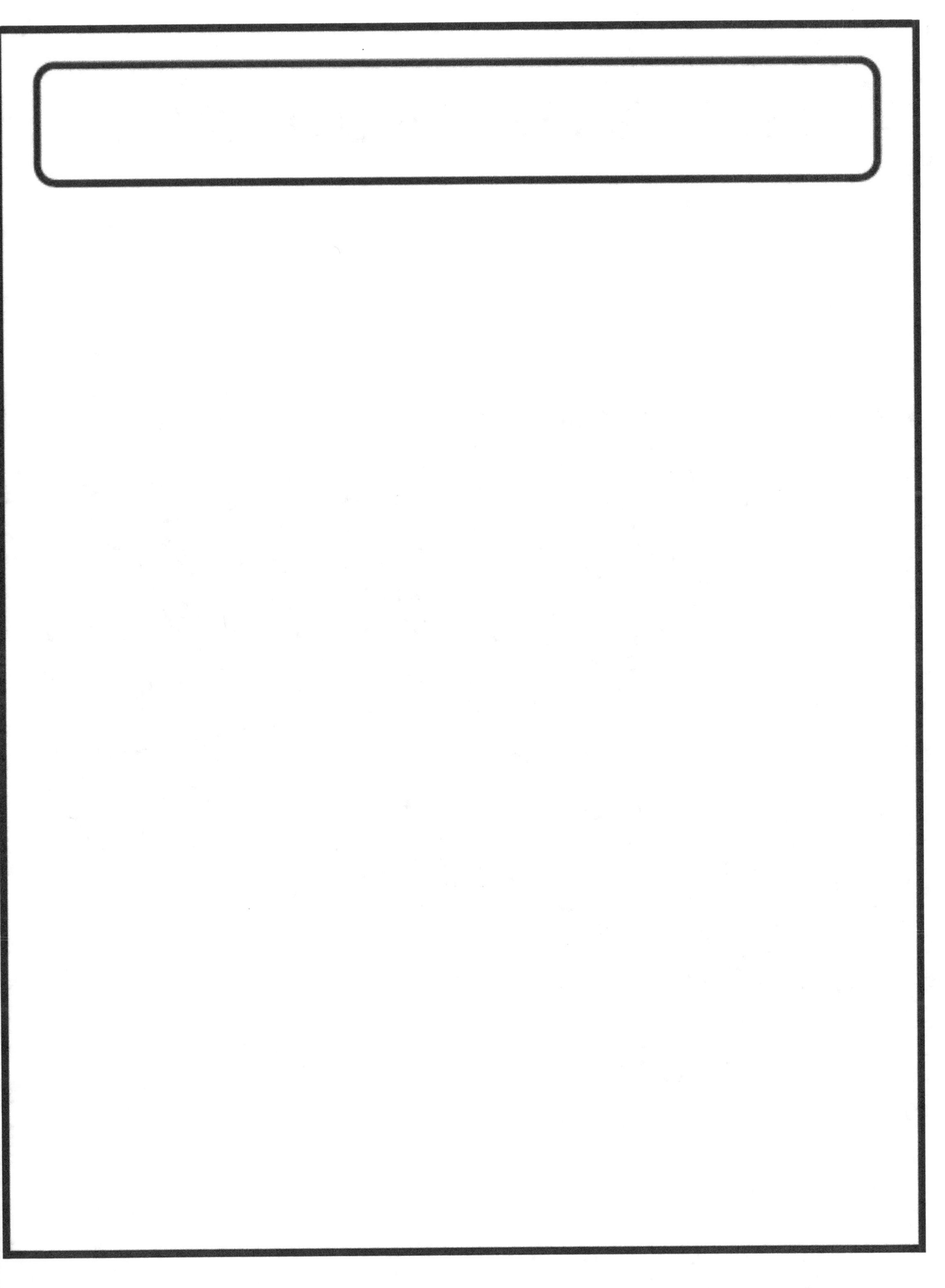

AEREO LIBRO DA COLORARE

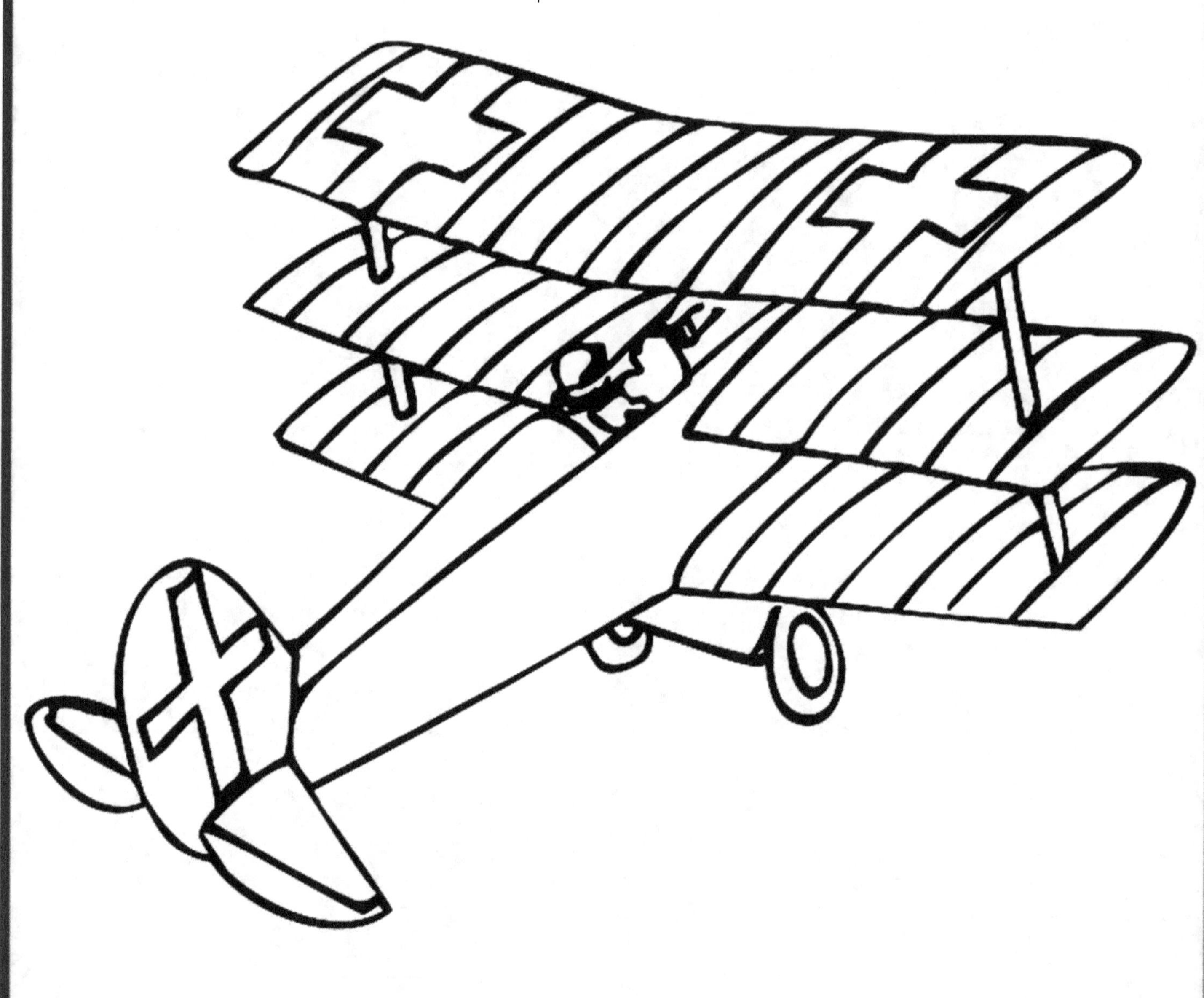

AEREO LIBRO DA COLORARE

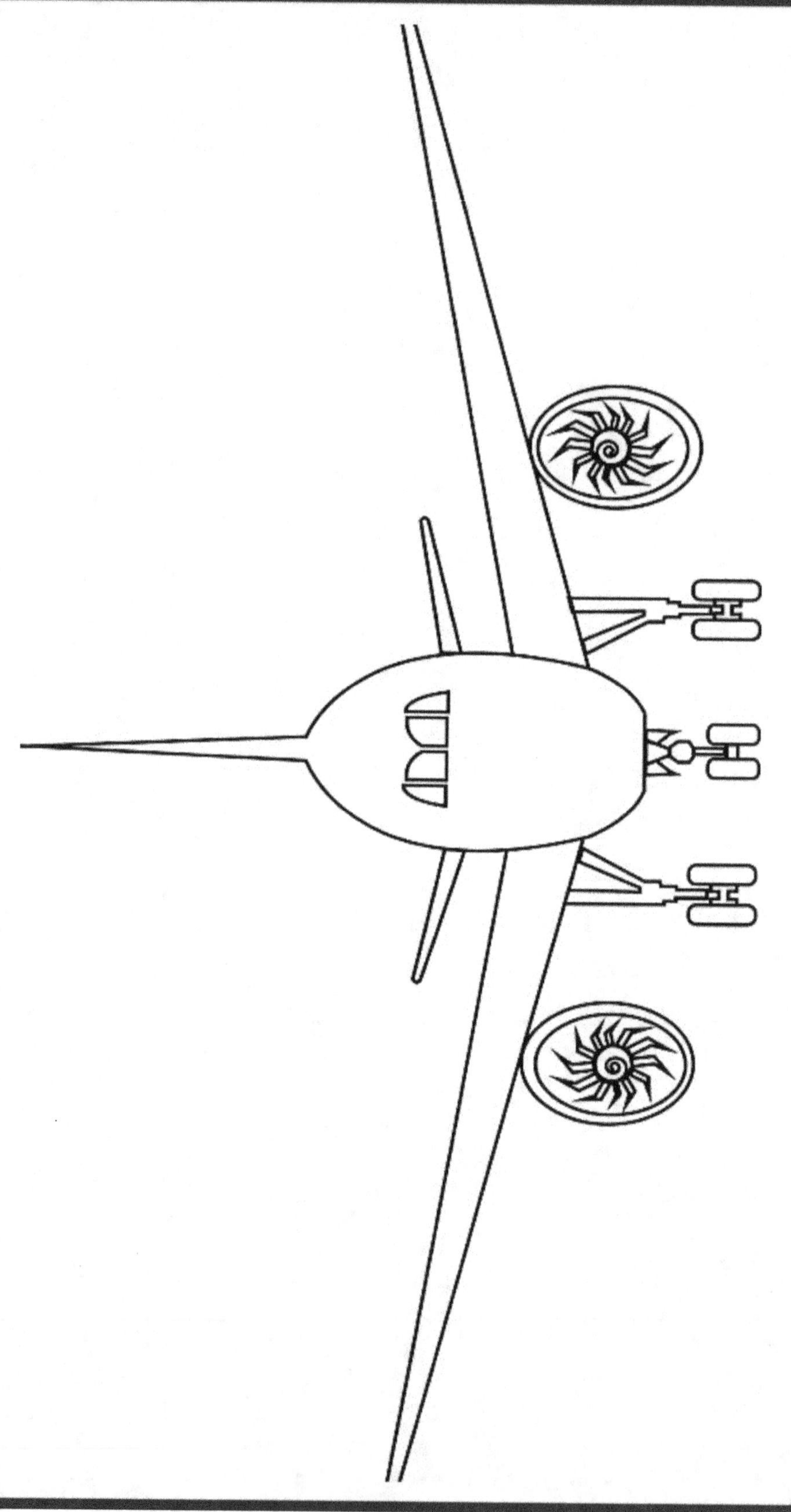

AEREO LIBRO DA COLORARE

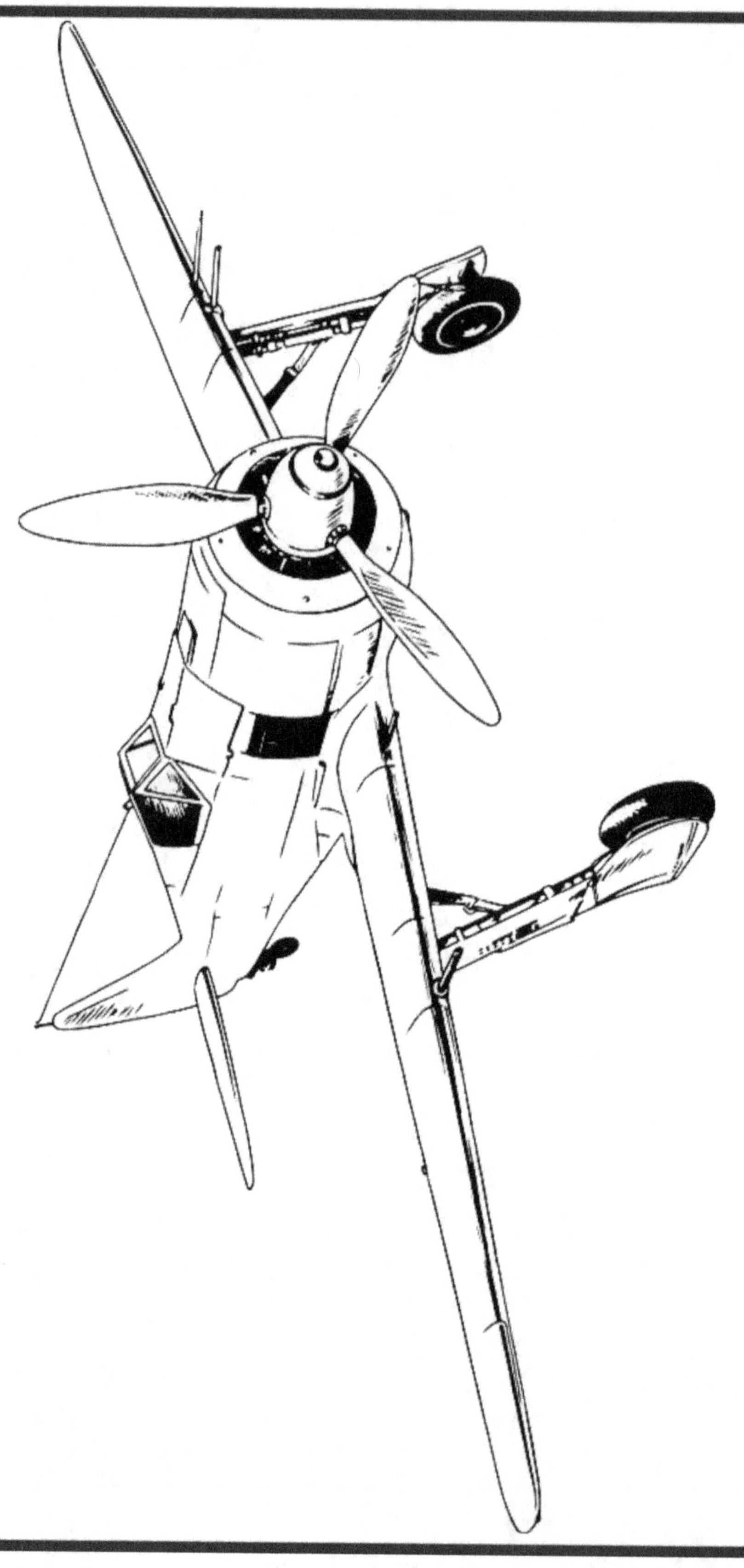

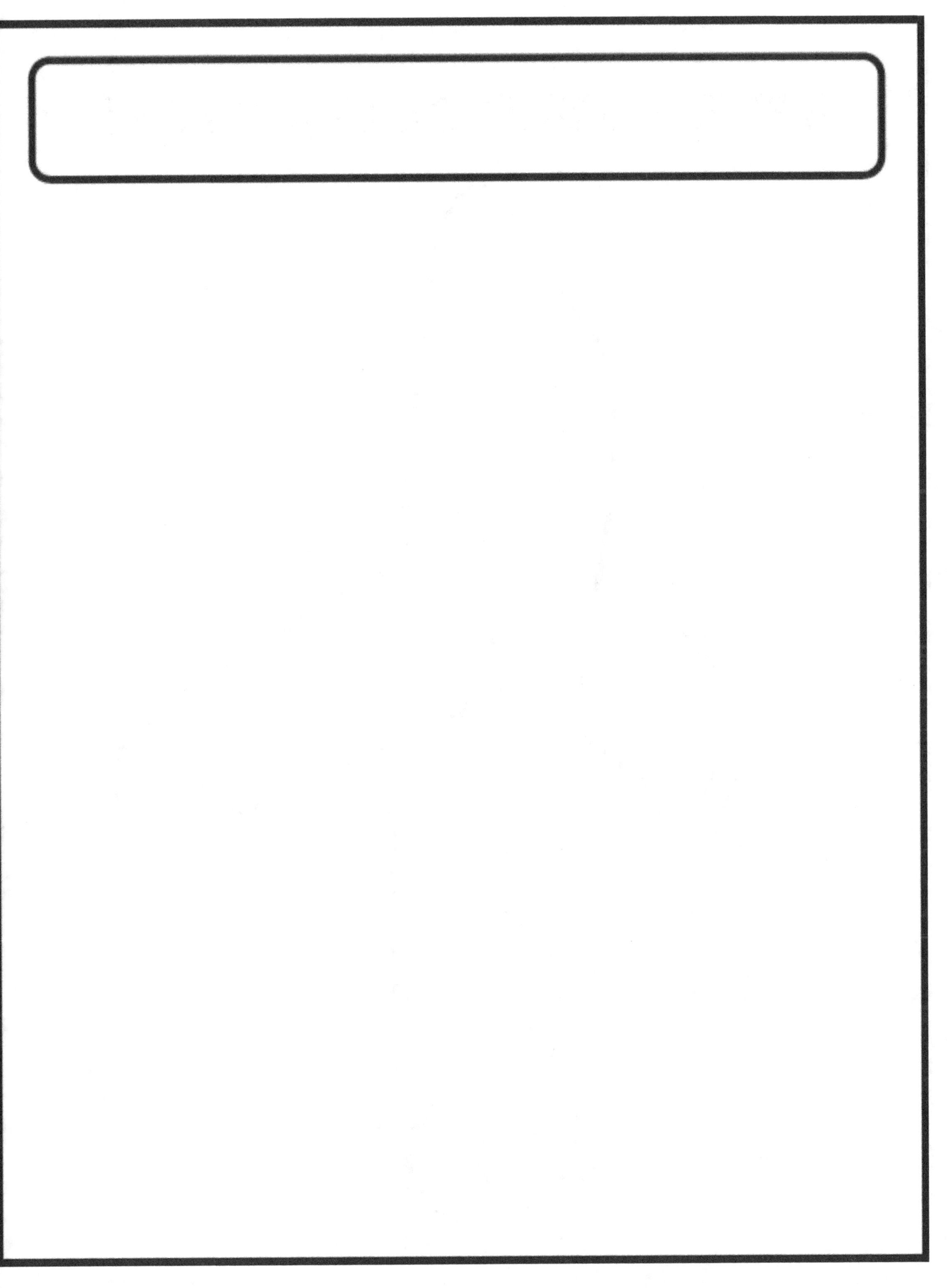

AEREO LIBRO DA COLORARE

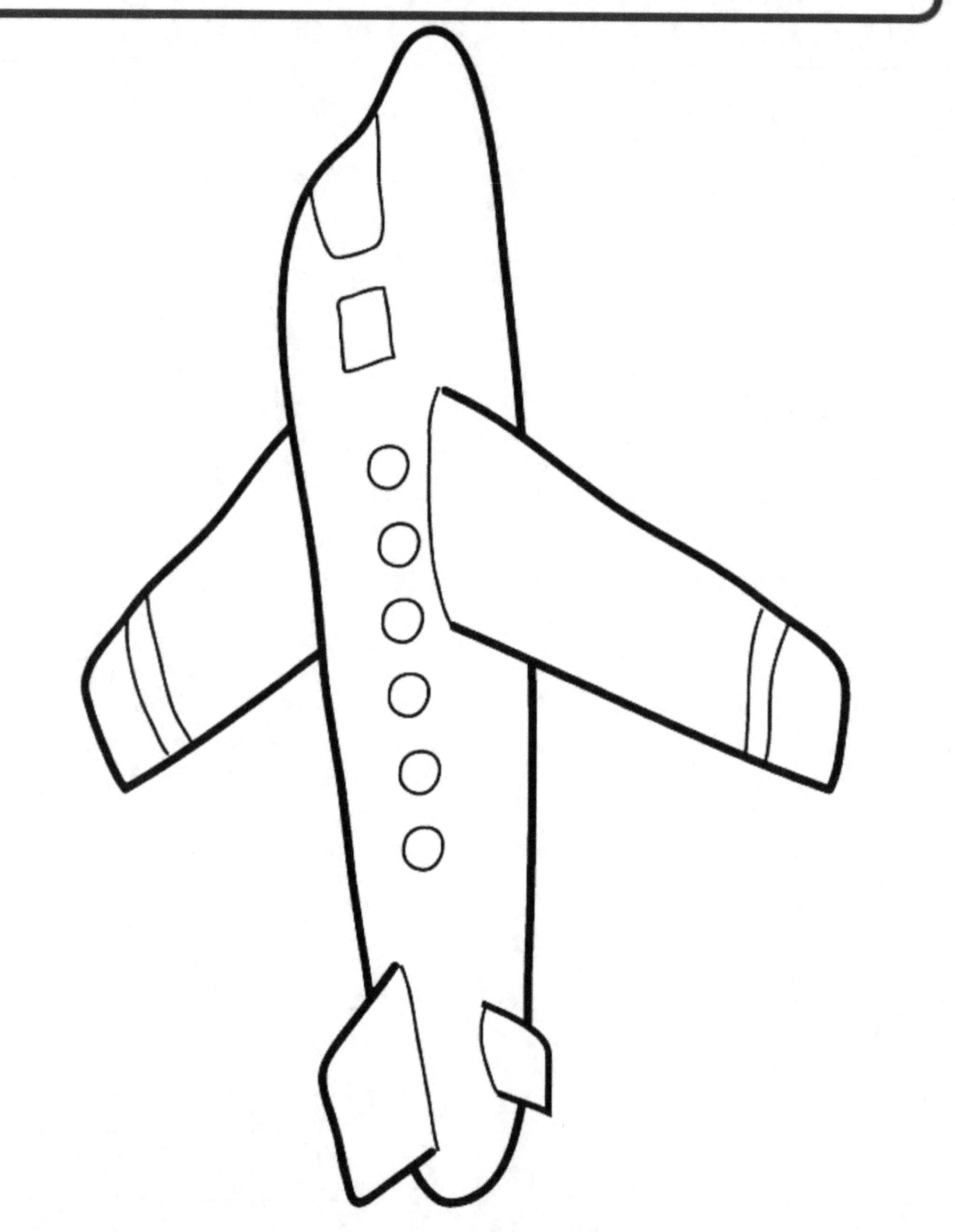

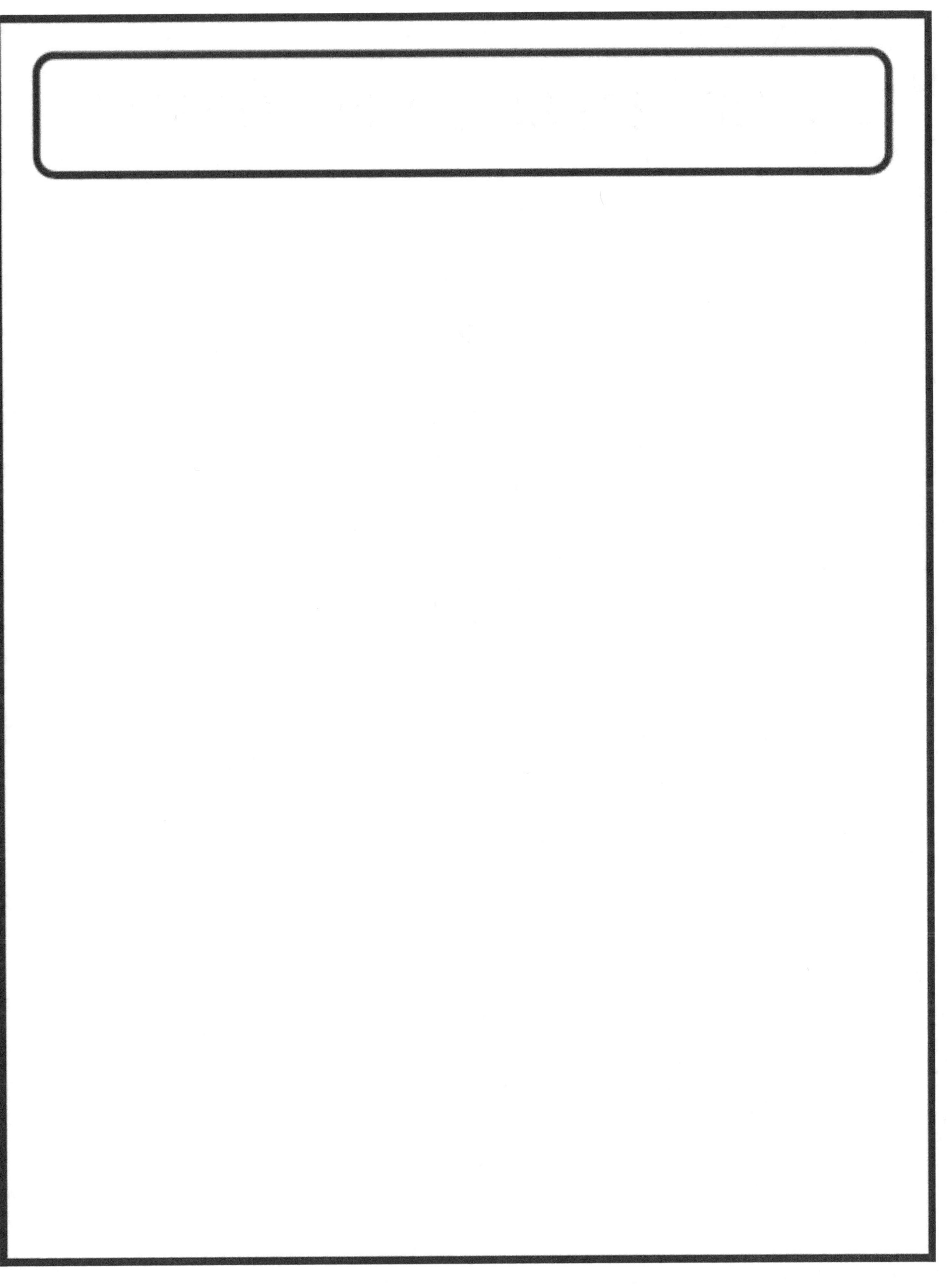

AEREO LIBRO DA COLORARE

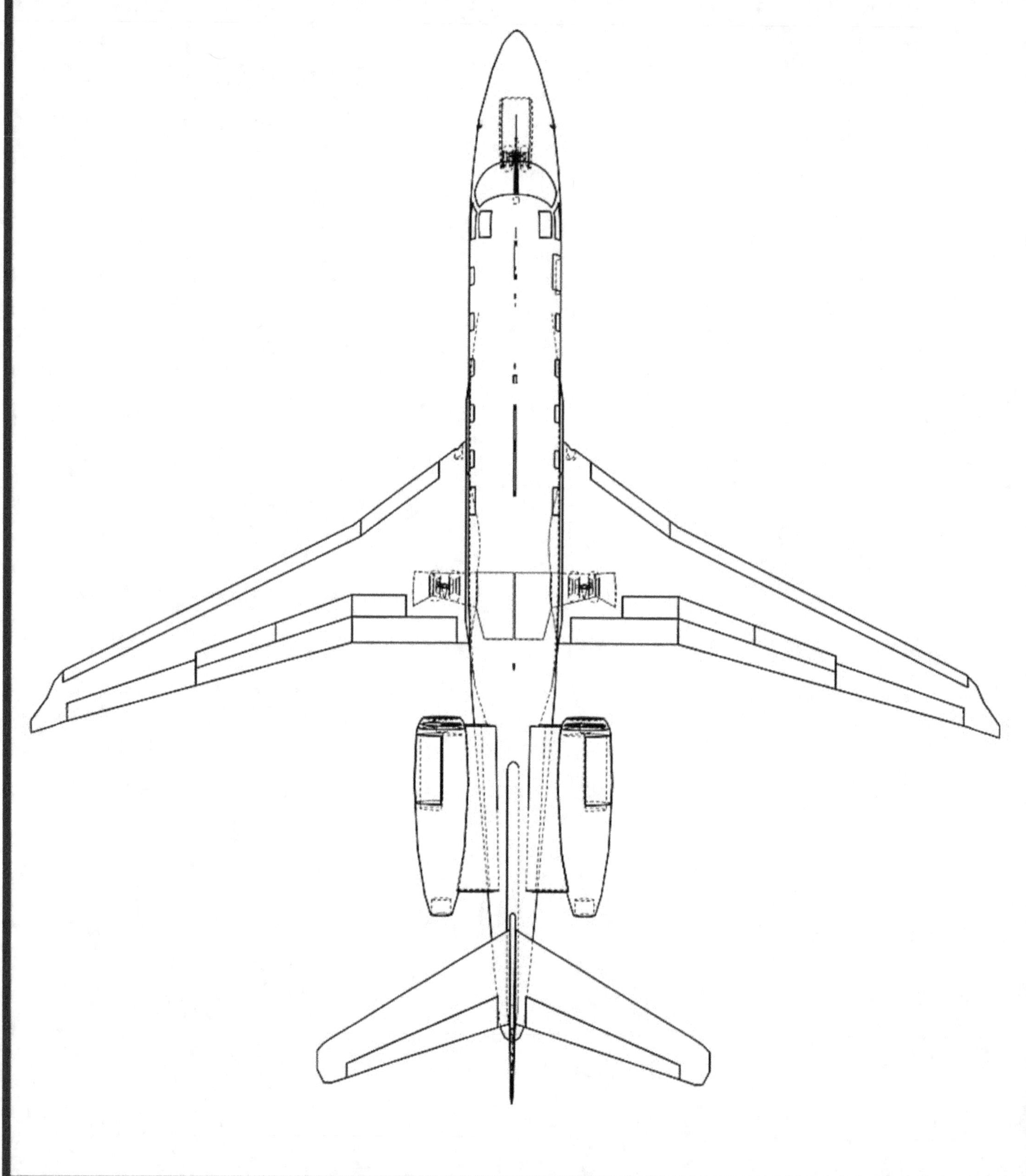

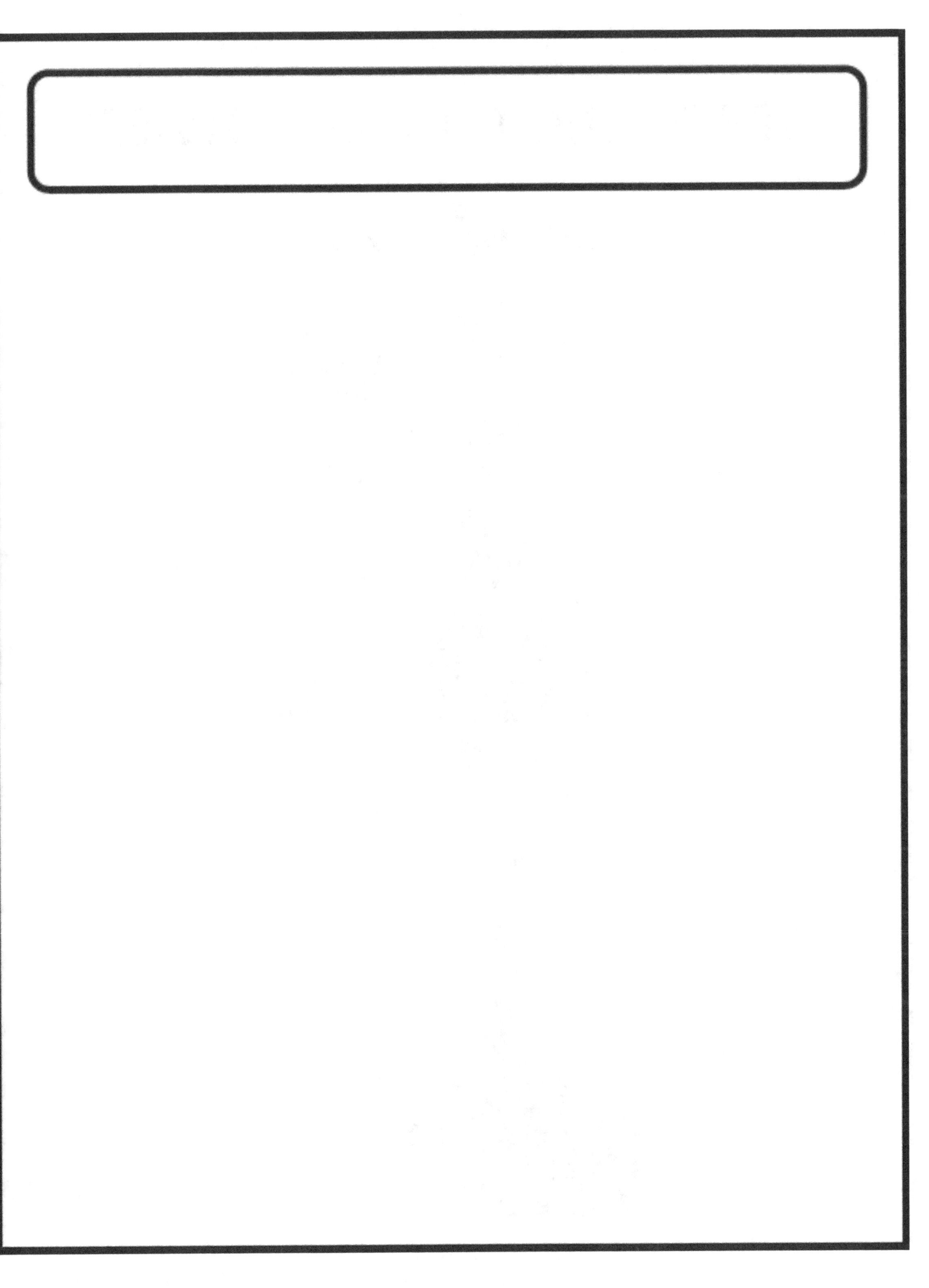

AEREO LIBRO DA COLORARE

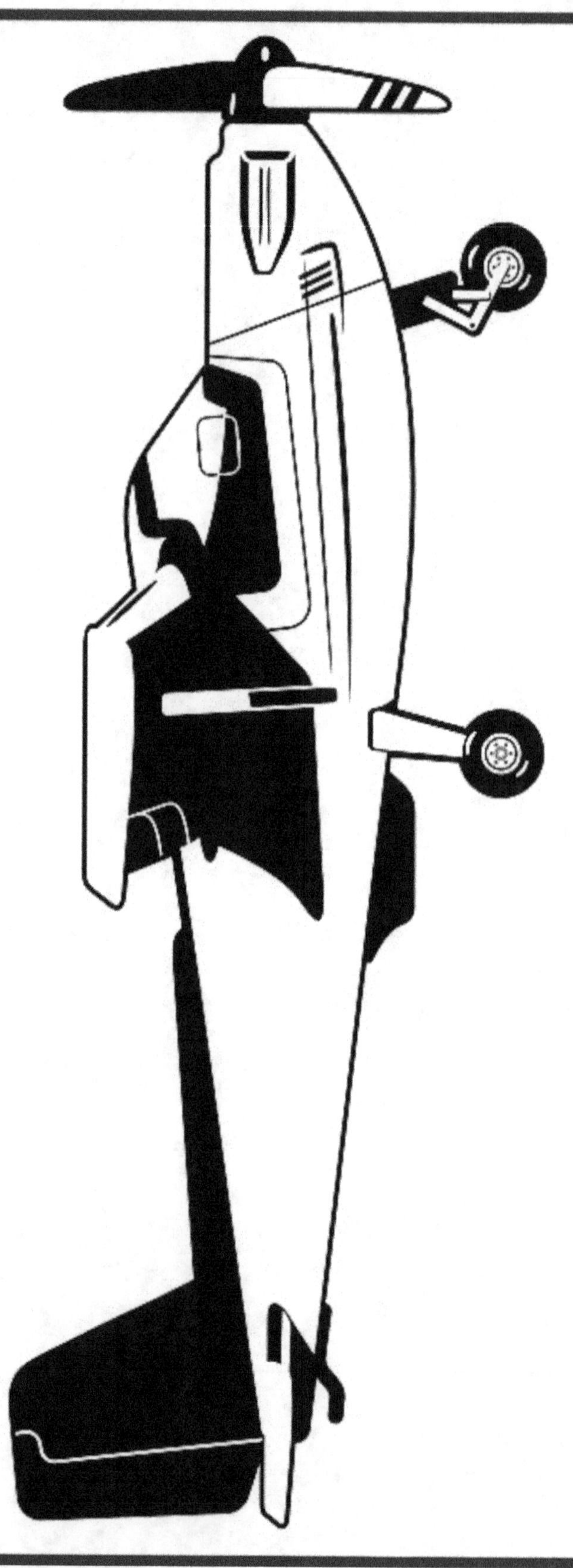

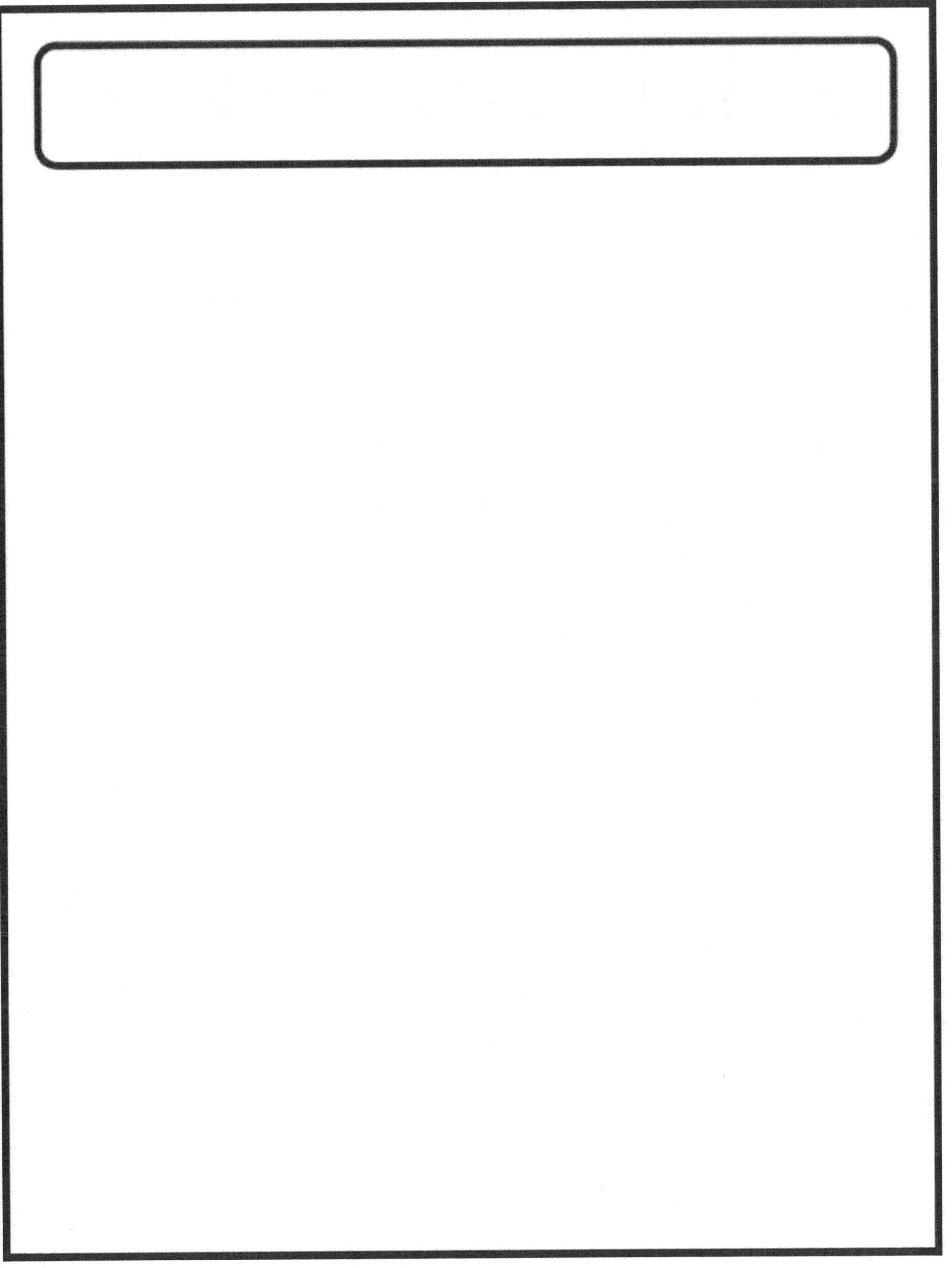

AEREO LIBRO DA COLORARE

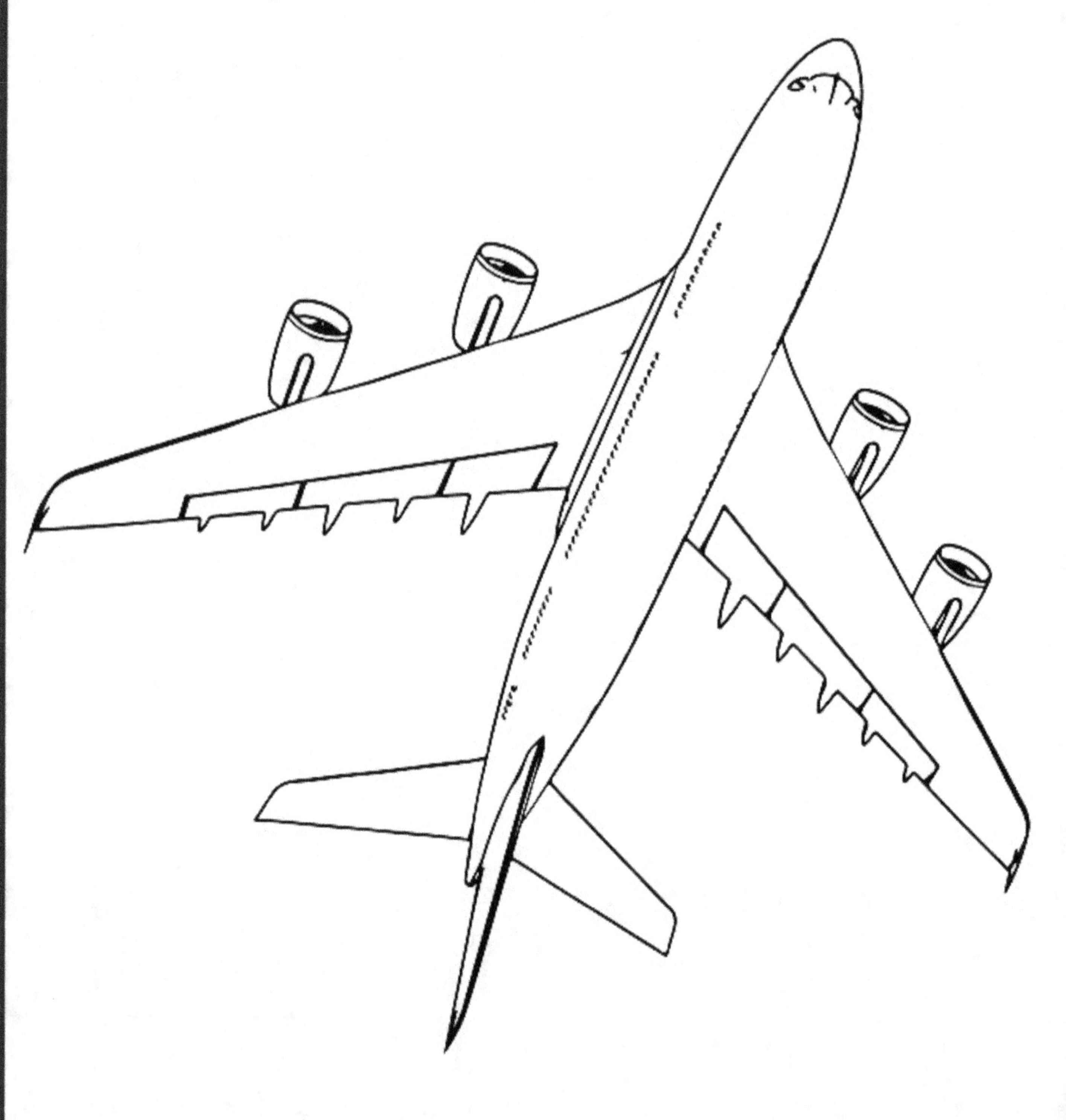

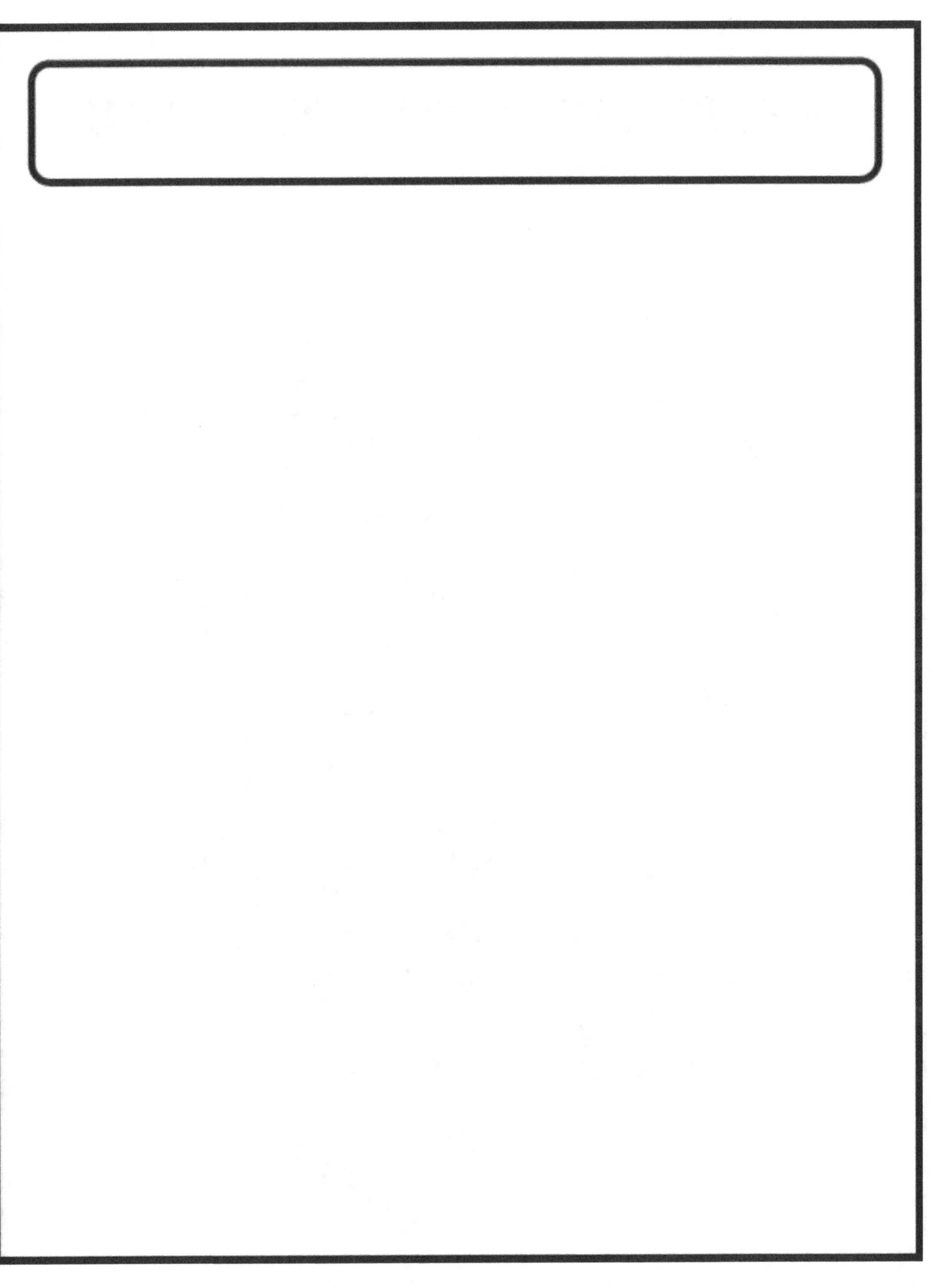

AEREO LIBRO DA COLORARE

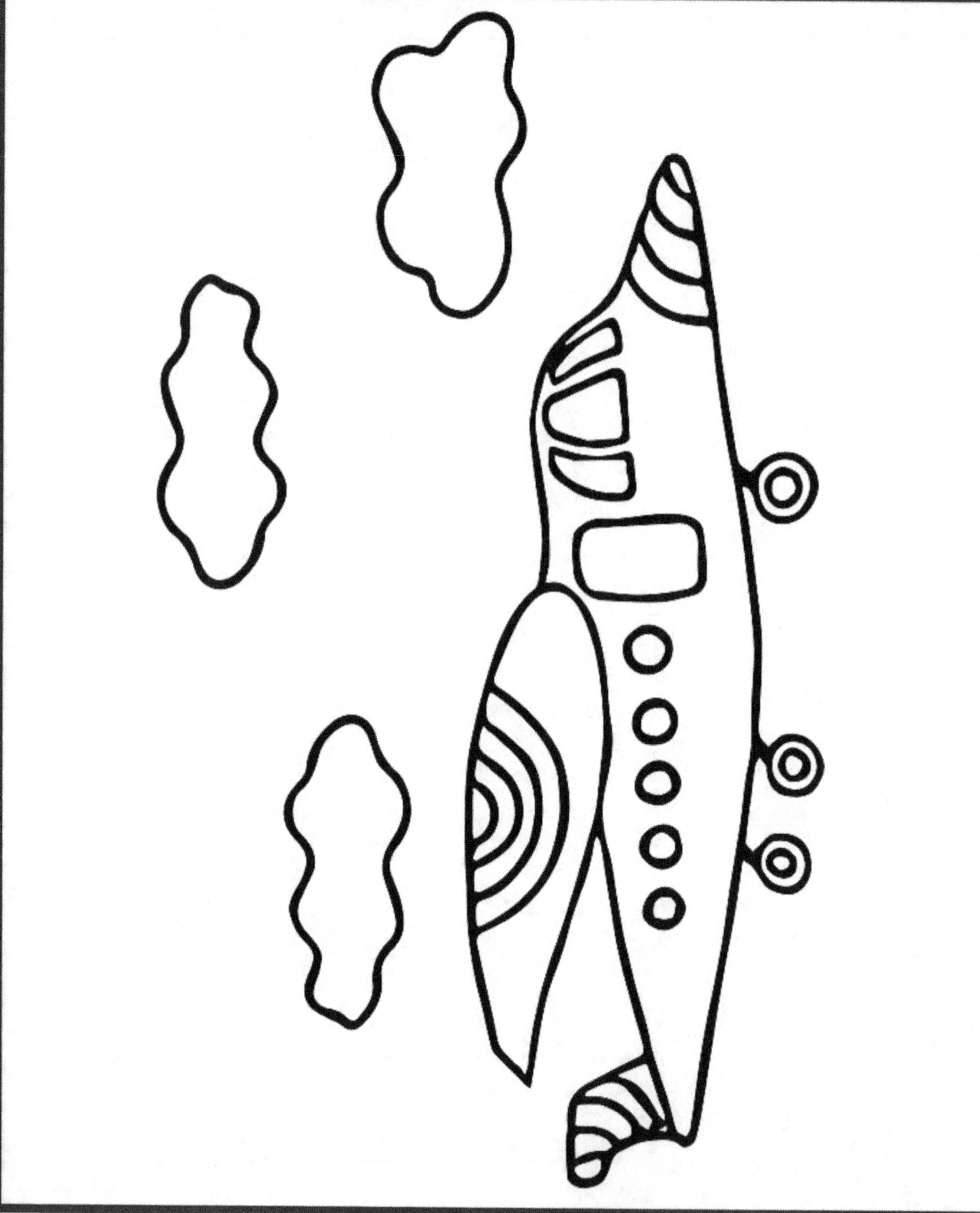

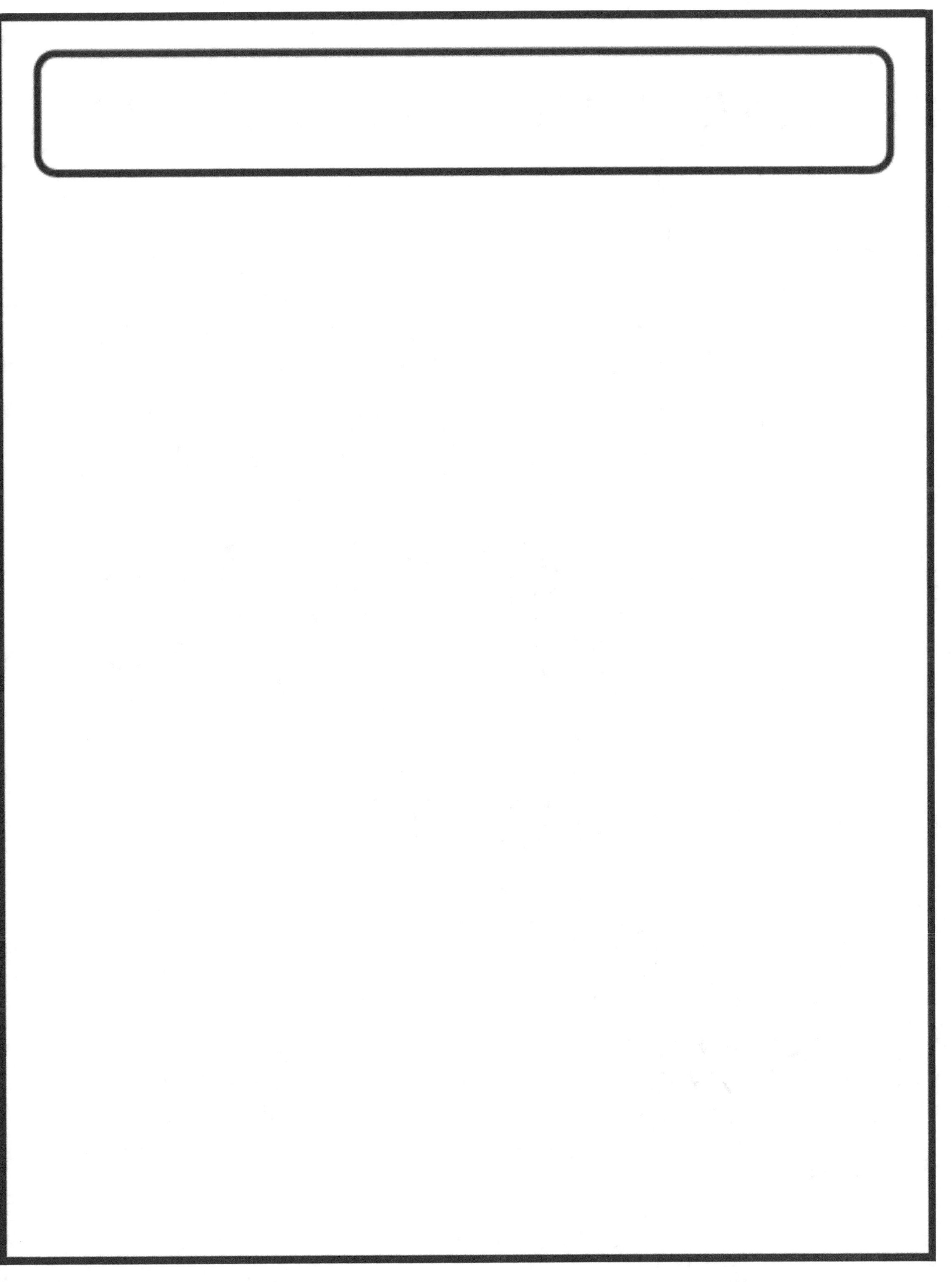

AEREO LIBRO DA COLORARE

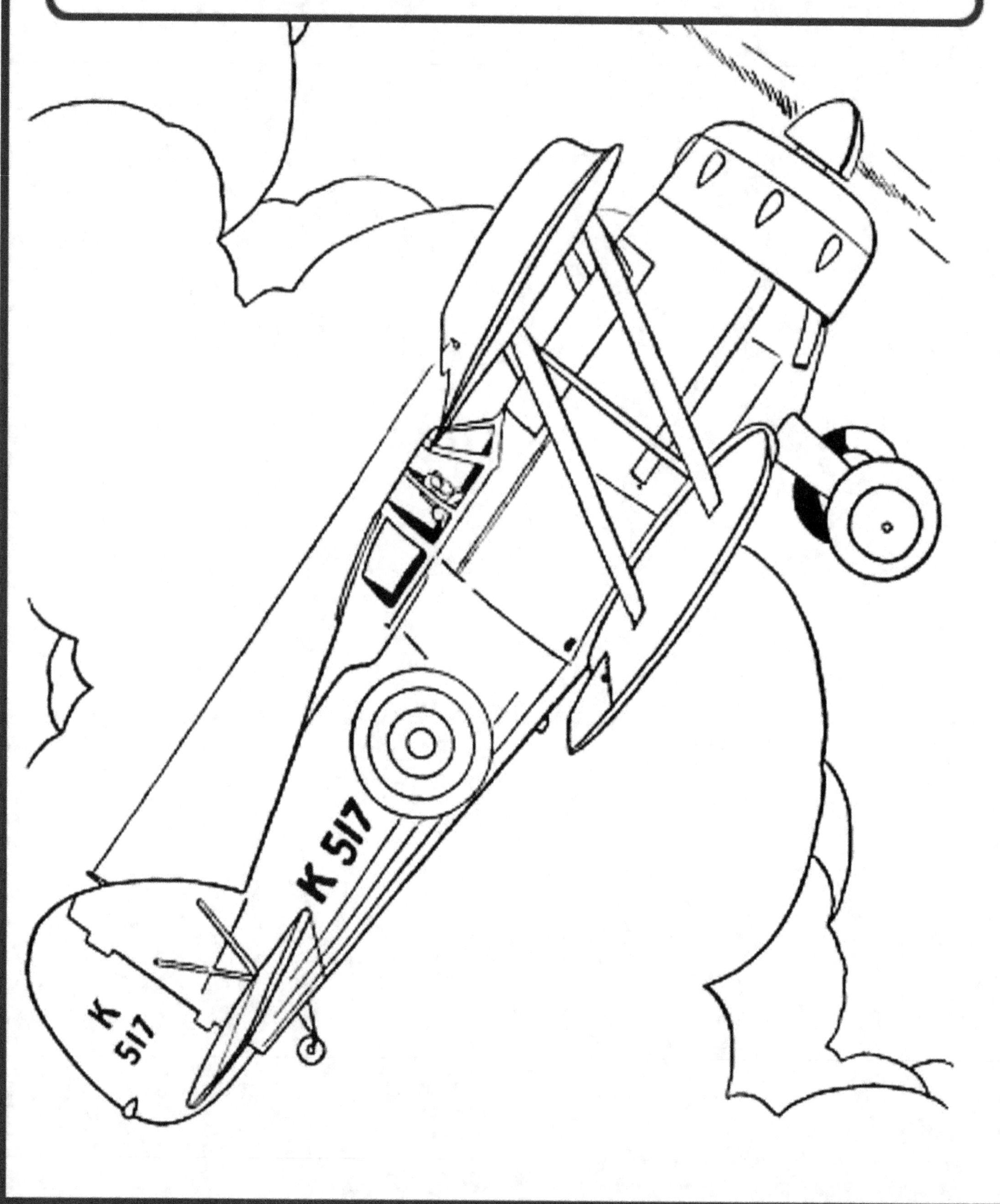

AEREO LIBRO DA COLORARE

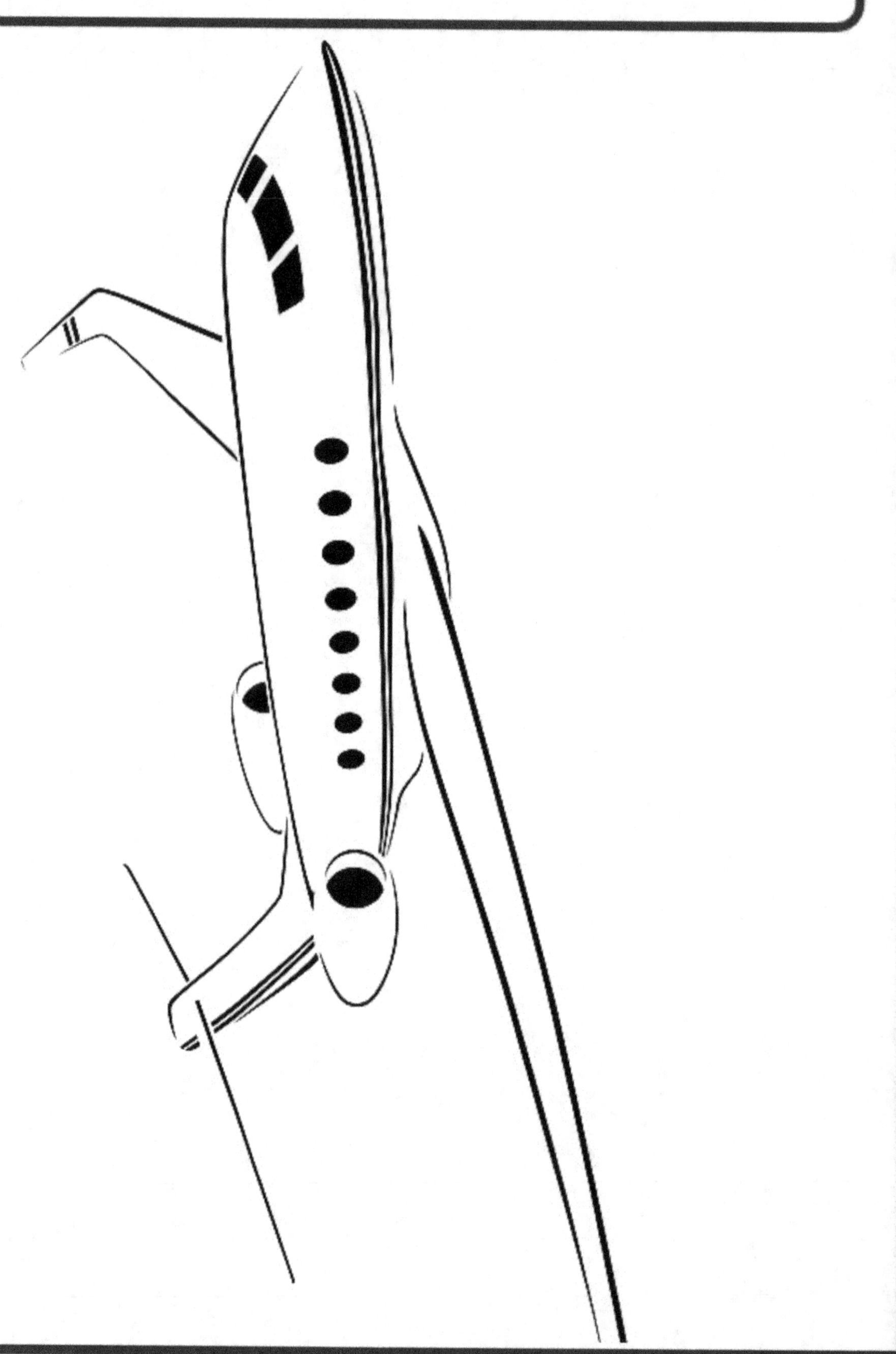

AEREO LIBRO DA COLORARE

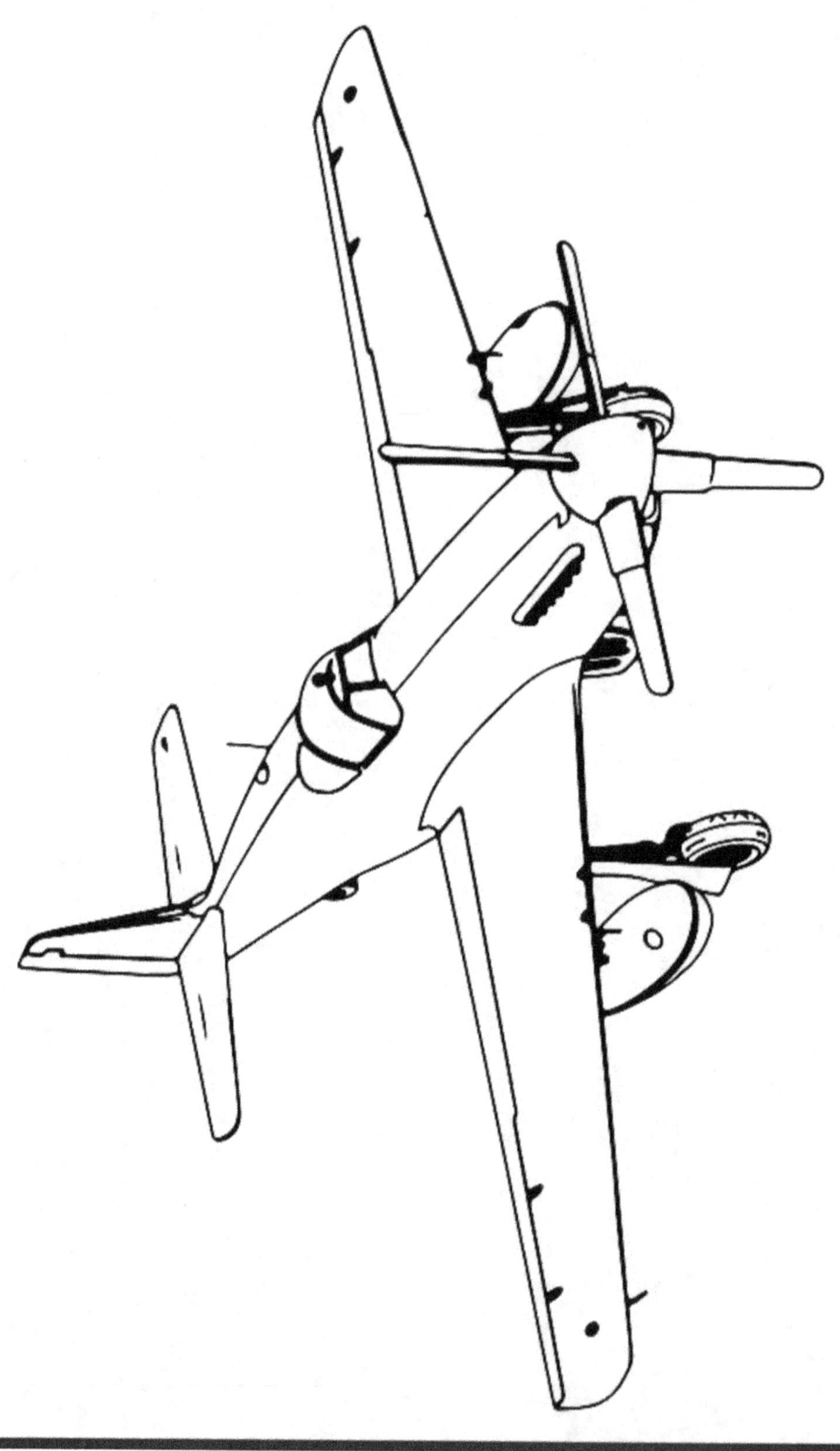

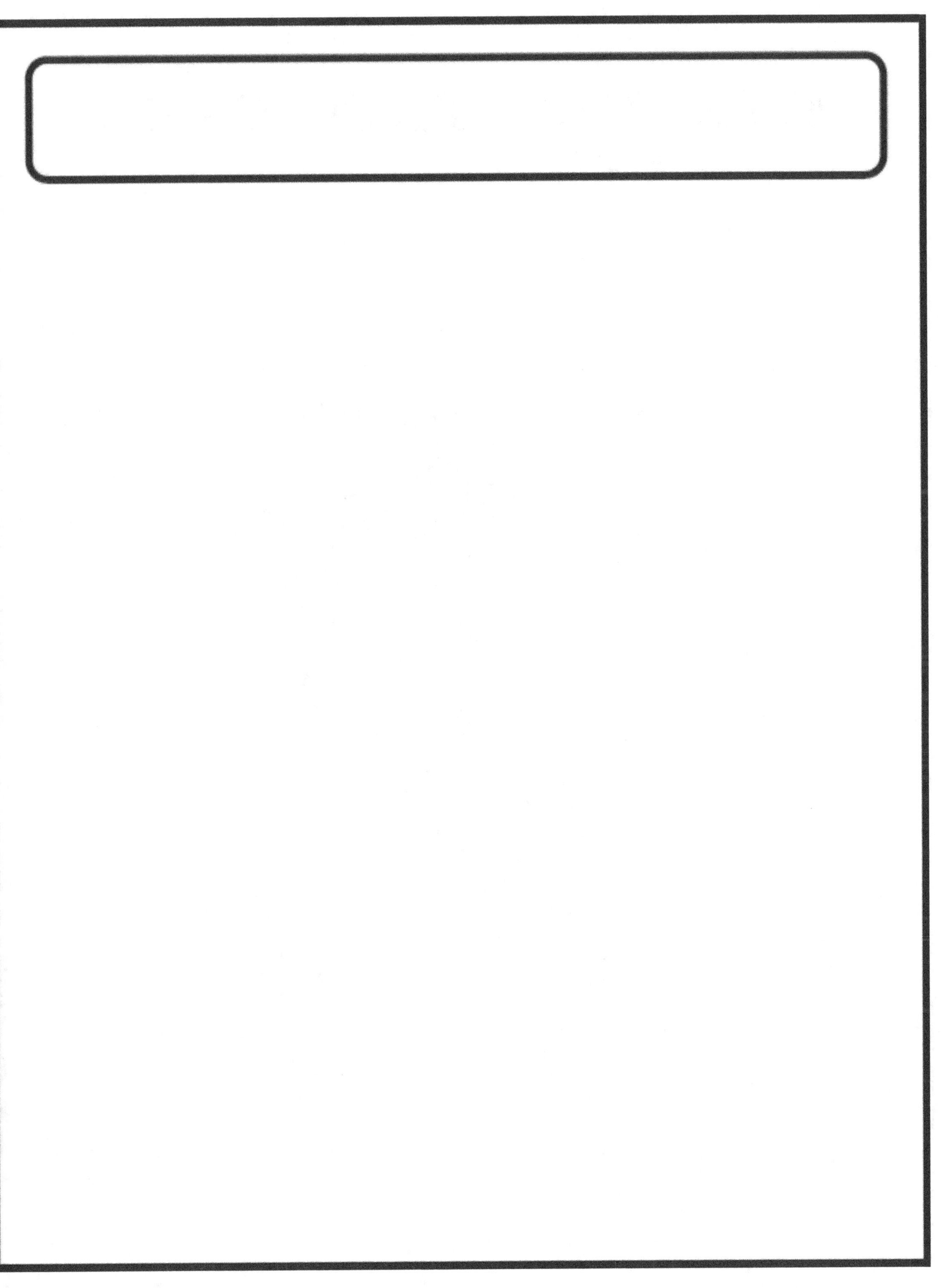

AEREO LIBRO DA COLORARE

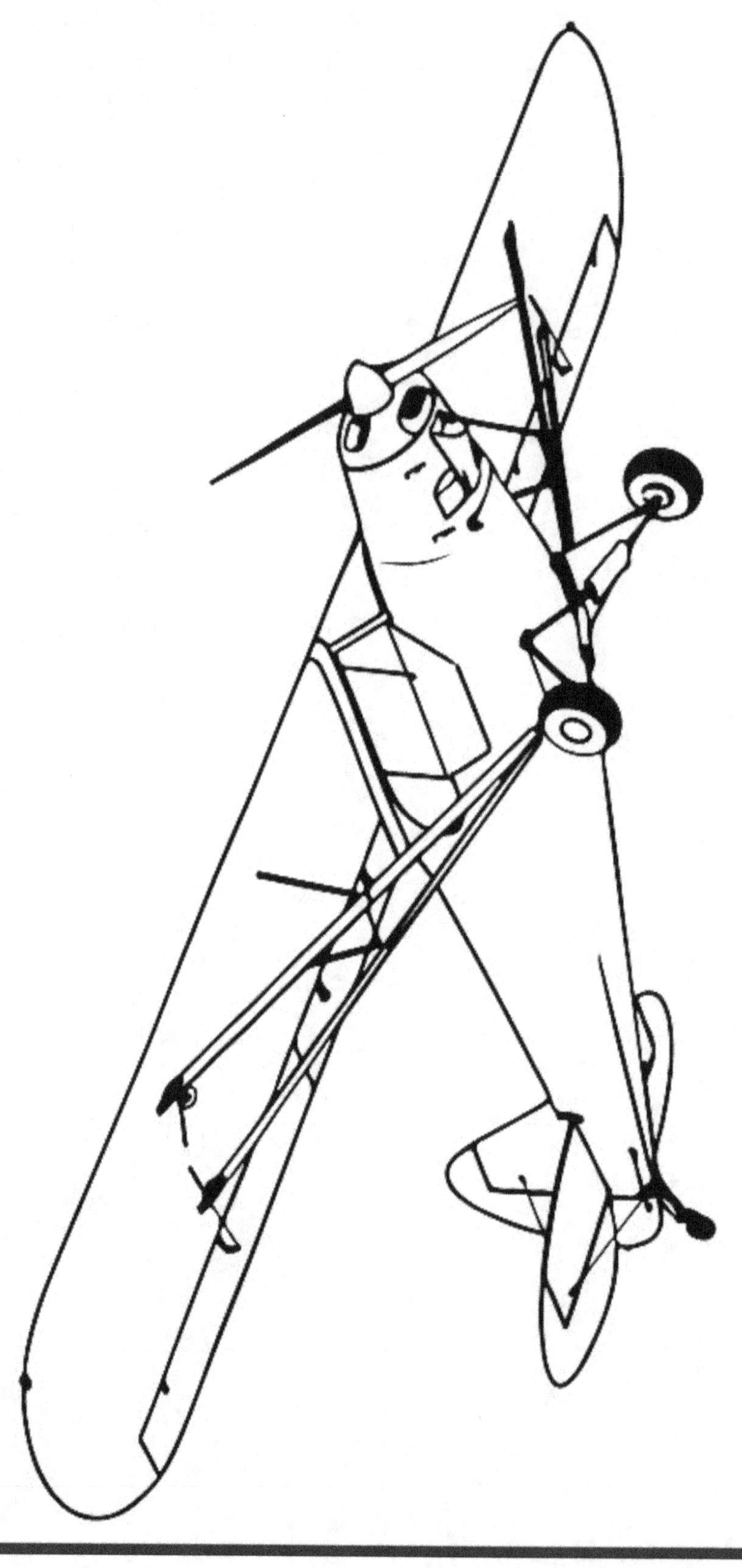

AEREO LIBRO DA COLORARE

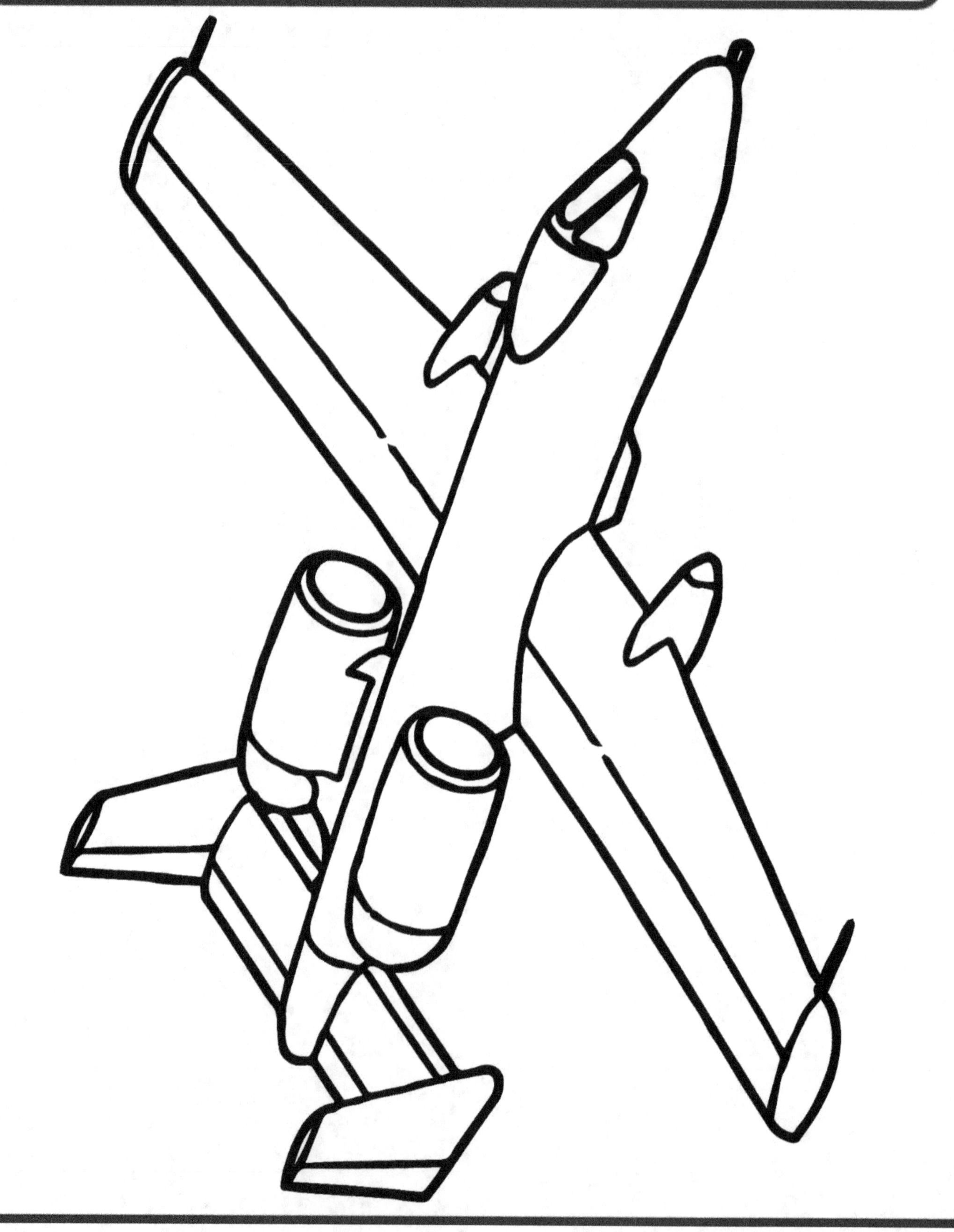

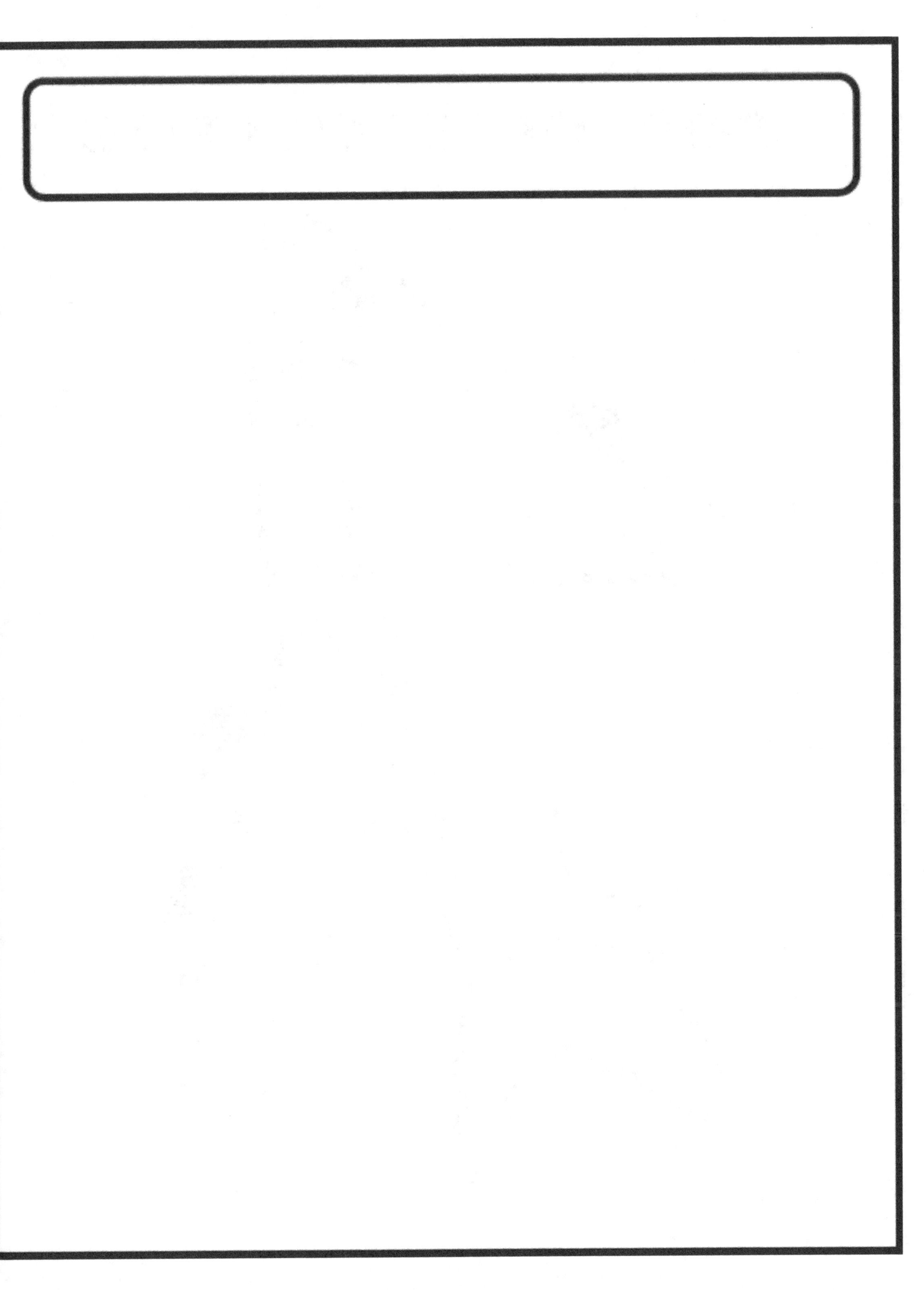

AEREO LIBRO DA COLORARE

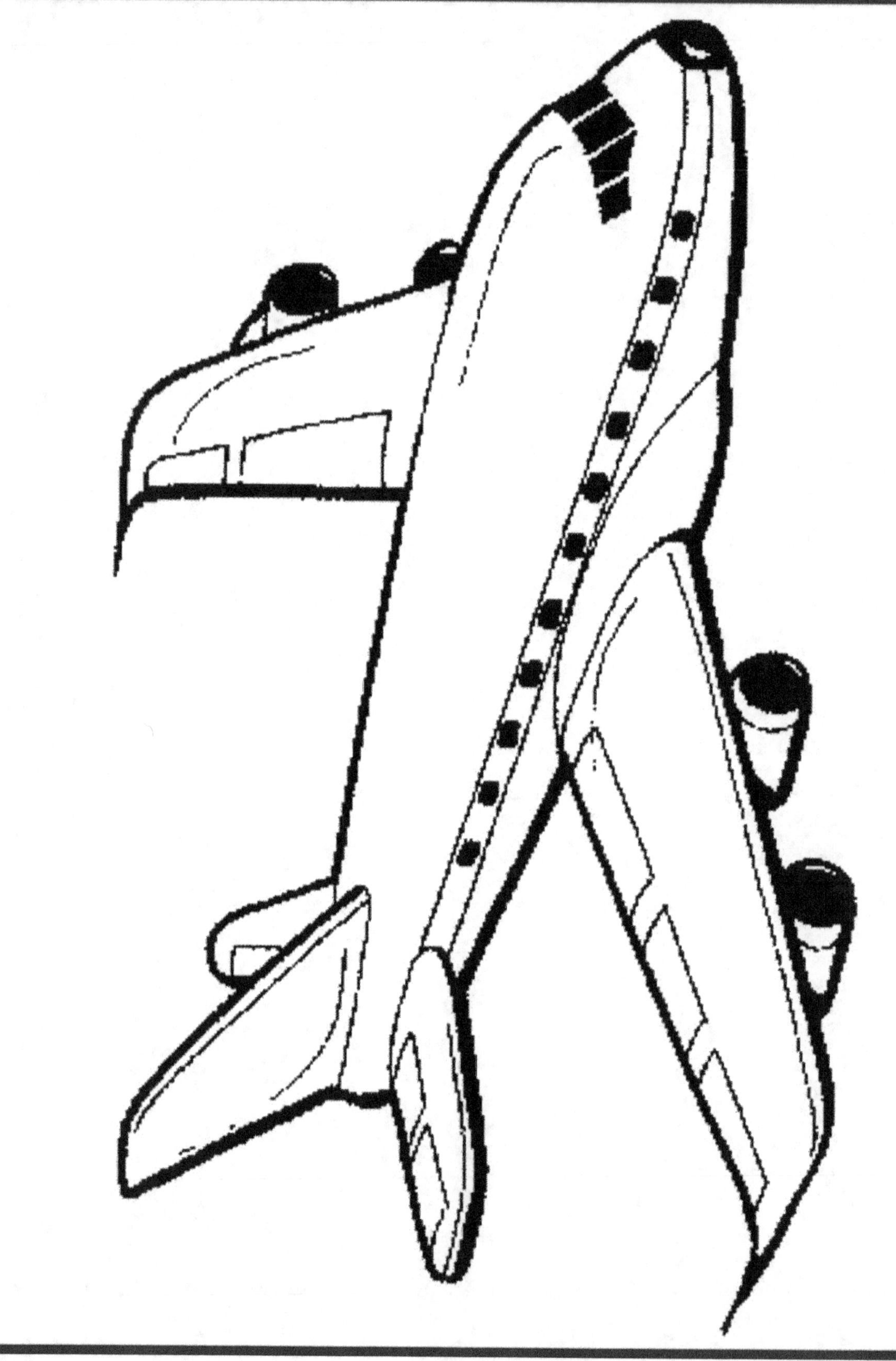

AEREO LIBRO DA COLORARE

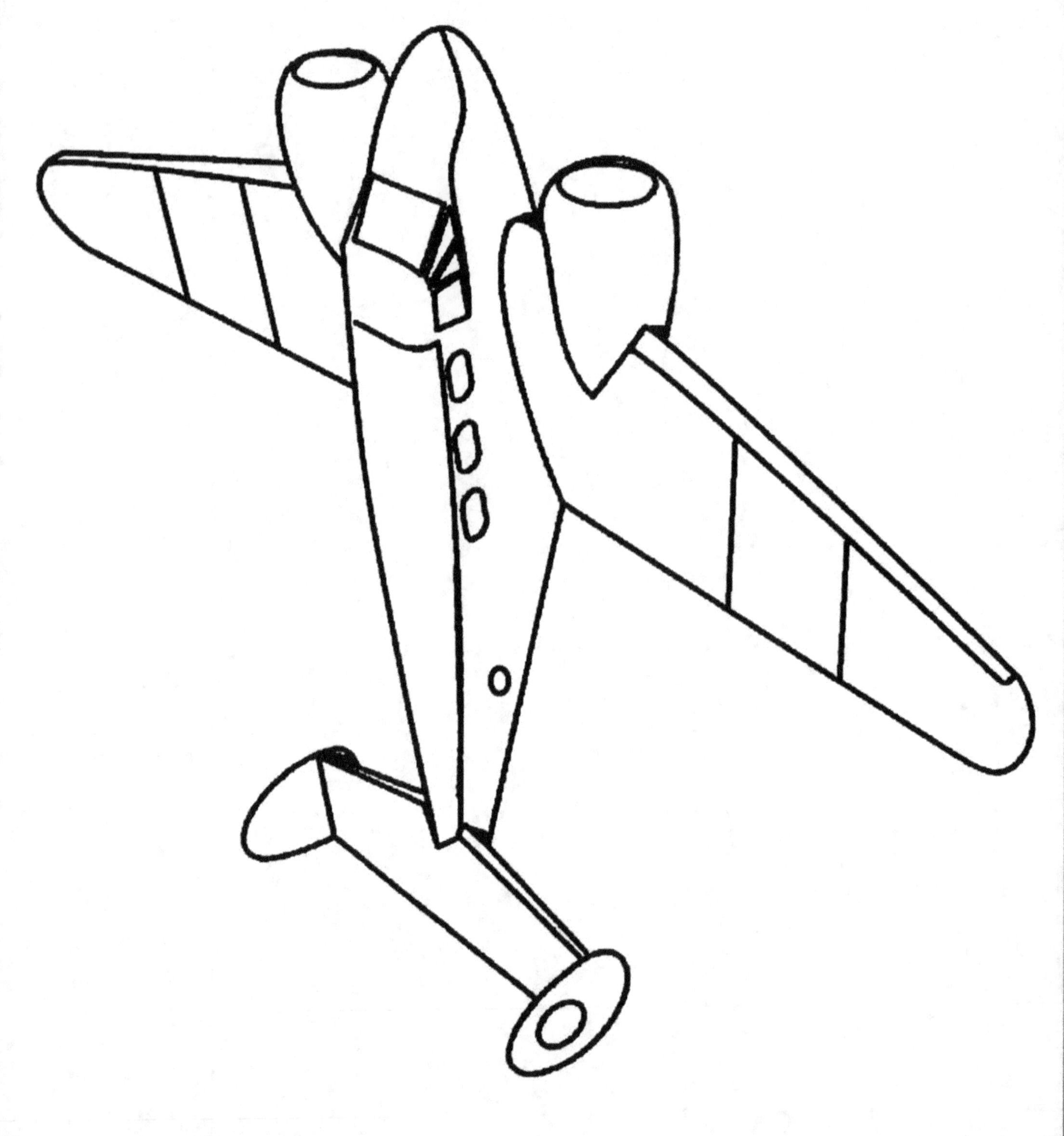

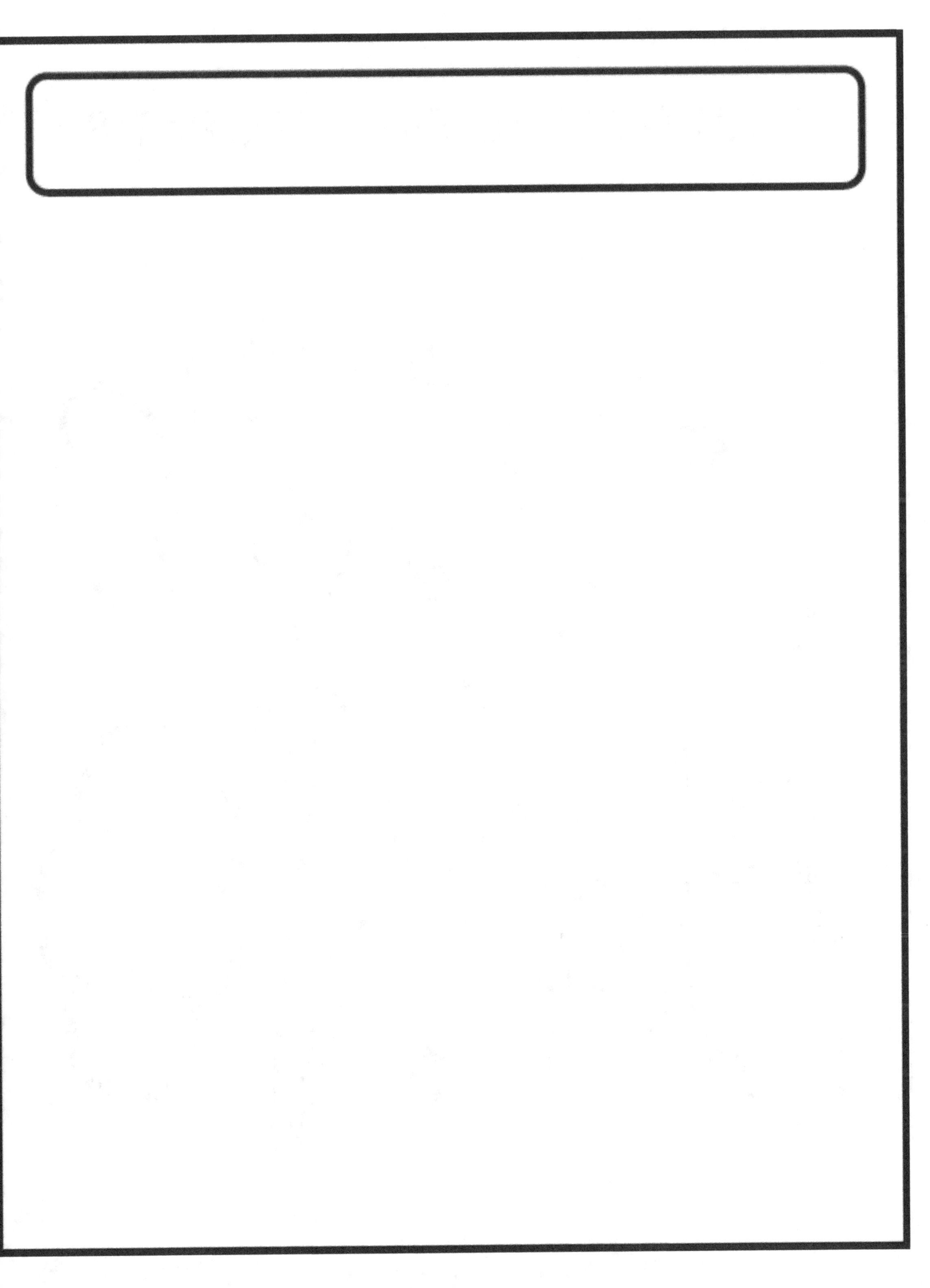

AEREO LIBRO DA COLORARE

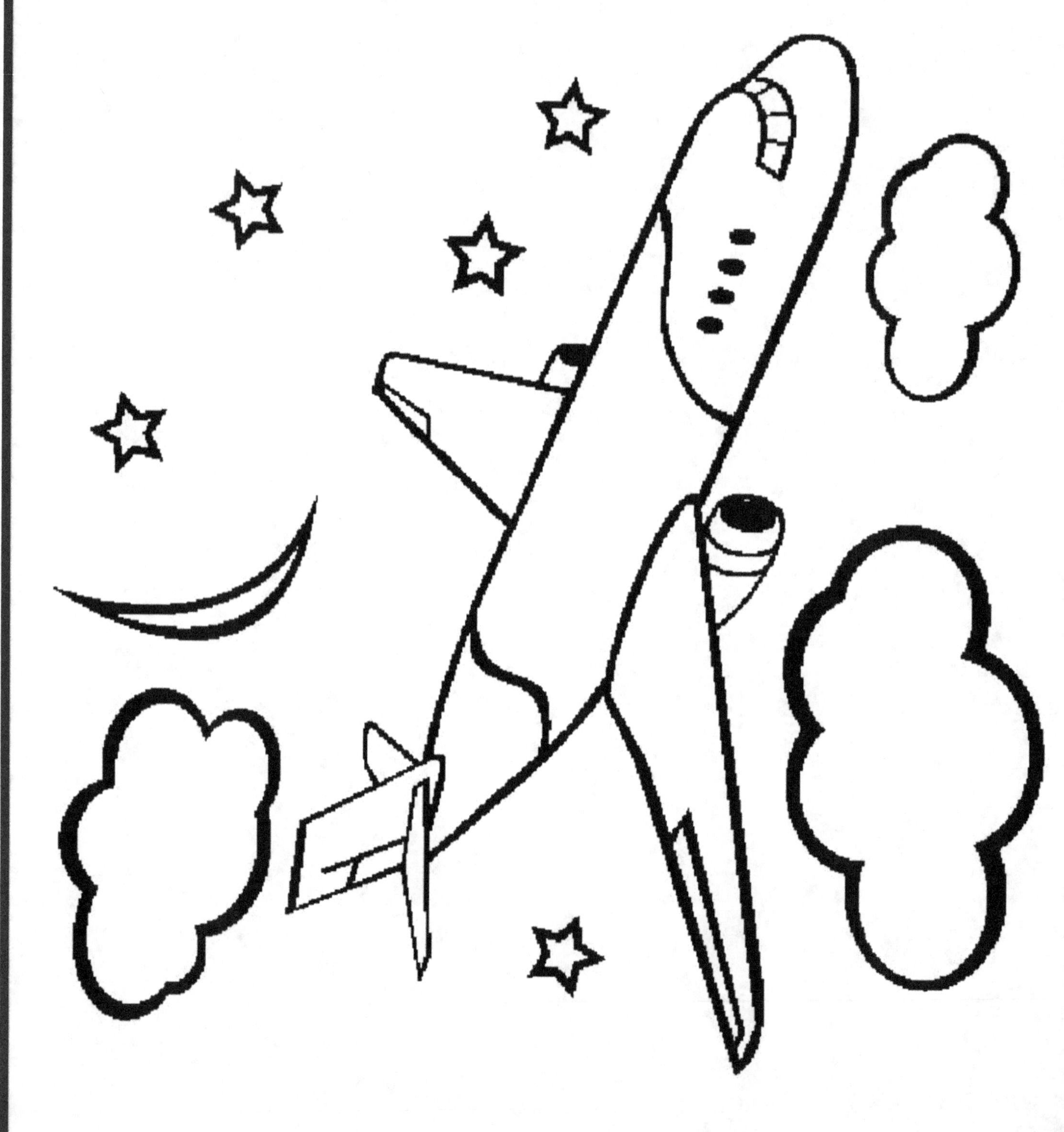

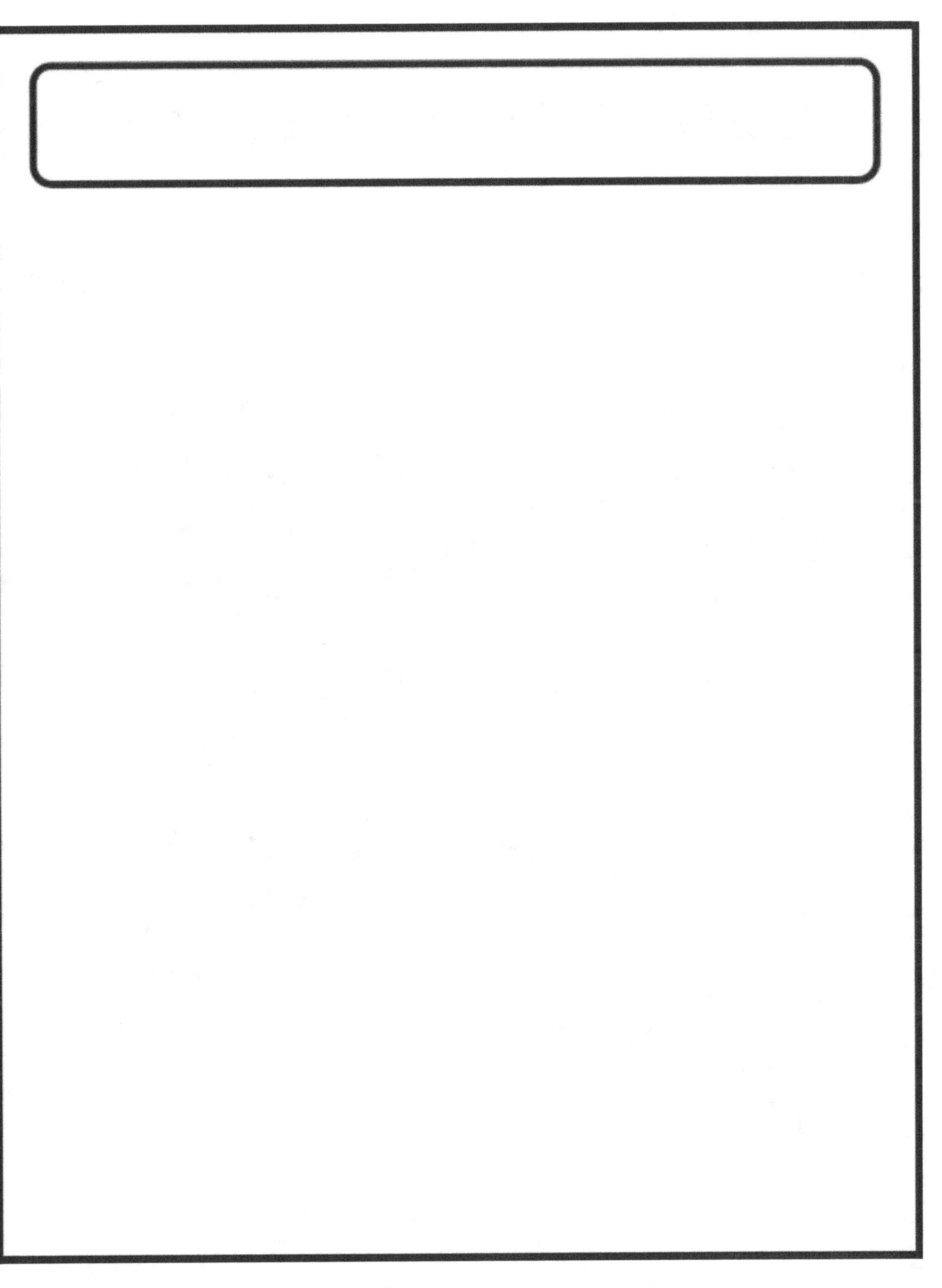

AEREO LIBRO DA COLORARE

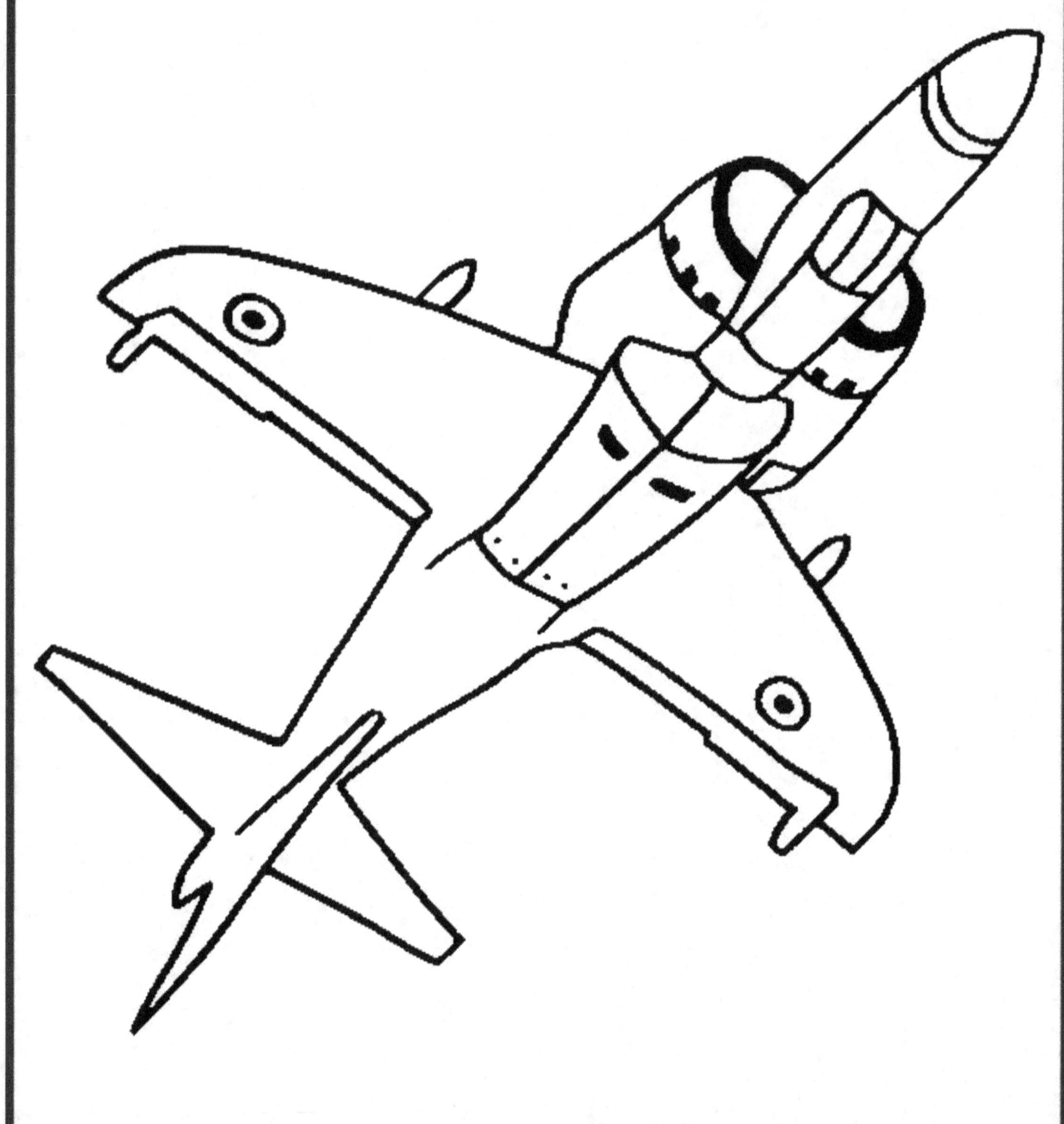

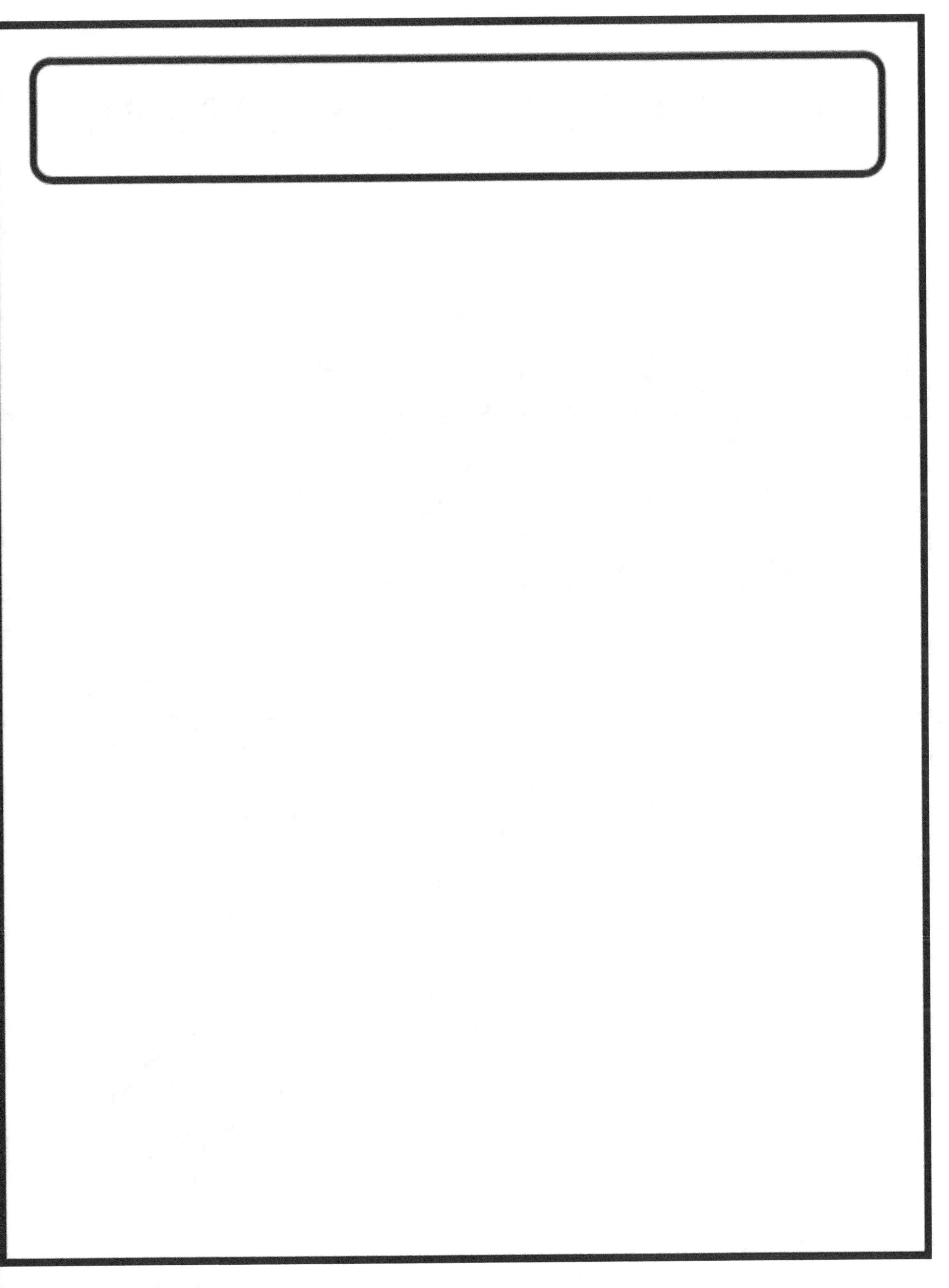

AEREO LIBRO DA COLORARE

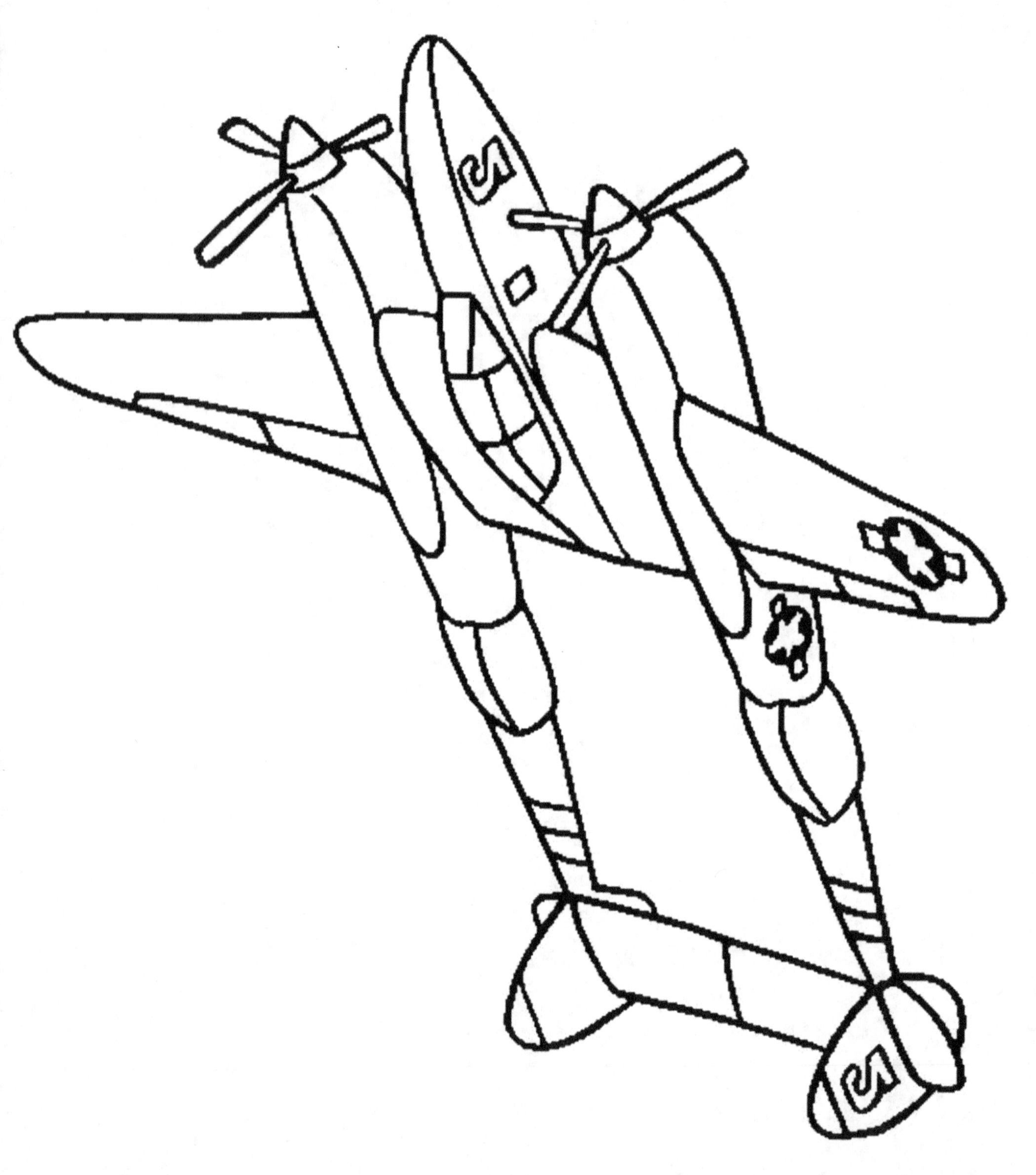

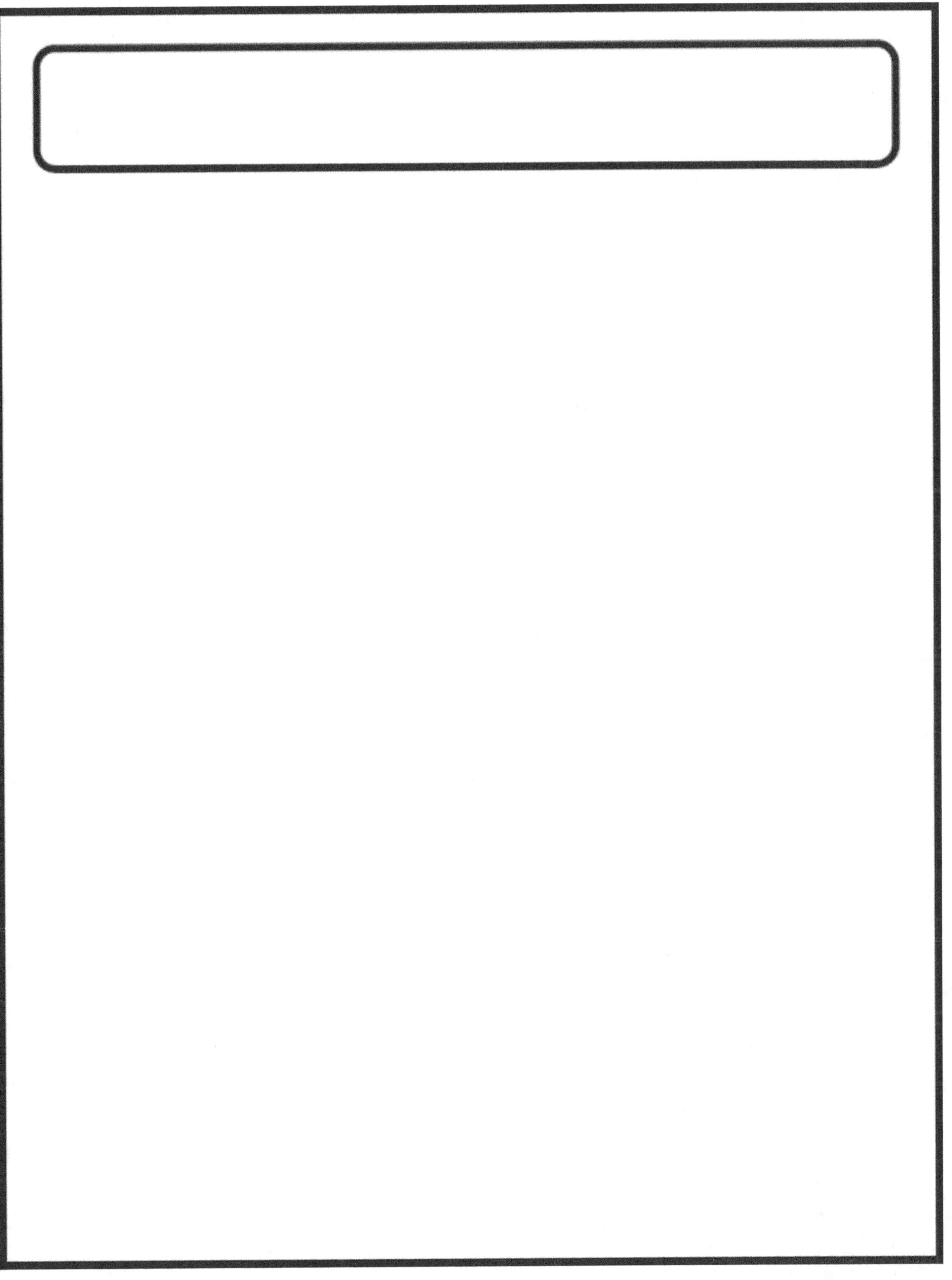

www.ingramcontent.com/pod-product-compliance
Lightning Source LLC
Chambersburg PA
CBHW080756120726
48001CB00009B/2770